C A R L
AUER

Aus dem Englischen übersetzt von Sally und Bernd Hofmeister

DTP-Management: Peter-W. Gester
Satz: Melonie Drißner
Printed in Germany 1996
Gesamtherstellung: Druckerei Zimmermann, Balve

Erste Auflage, 1993
Zweite Auflage, 1996

Die Deutsche Bibliothek - CIP-Einheitsaufnahme

Cecchin, Gianfranco:
Respektlosigkeit : eine Überlebensstrategie für Therapeuten / Gianfranco Cecchin ; Gerry Lane und Wendel A. Ray. [Aus dem Engl. übers. von Sally und Bernd Hofmeister]. - 2. Aufl. - Heidelberg : Carl-Auer-Systeme, Verl. und Verl.-Buchh., 1996
ISBN 3-927809-24-1
NE: Lane, Gerry:; Ray, Wendel A.:

Respektlosigkeit

Gianfranco Cecchin, Gerry Lane
und Wendel A. Ray

Eine Überlebensstrategie für Therapeuten

Zweite Auflage, 1996

Inhalt

Vorwort zur deutschen Ausgabe

Wenn ein Mitbegründer eines einflußreichen und weitverbreiteten Therapieansatzes (hier des Mailänder Modells) sich mit zwei Kollegen hinsetzt und ein Buch schreibt, in dem Therapeuten und Therapeutinnen zu Respektlosigkeit und Unehrbietigkeit gegenüber gewohnheitsmäßigen etablierten Therapievorstellungen und Schulanweisungen aufgefordert werden, ist das schon etwas Besonderes. Wer stellt schon gerne seine eigenen Ideen in Frage?

Ein Zweites fällt auf: Für ein Mehrautorenbuch ist es sehr einheitlich und flüssig geschrieben und „leicht" lesbar. Das ist um so erstaunlicher, als viele der Fallbeispiele sehr schwierige und belastende Therapiesituationen betreffen. Oft zeichnen sich die Gespräche in Therapeutenkreisen über die schwierigen Fälle dadurch aus, daß sie entweder ins Anekdotenhafte abgleiten oder es breitet sich in den Diskussionen darüber eine gediegene Schwere und Resignation aus. Beides eröffnet selten neue Perspektiven. Wenn man das Ergebnis der Zusammenkünfte von Gianfranco Cecchin, Gerry Lane und Wendel Ray sieht, bedauert man eher, nicht an diesen Gesprächen teilgenommen zu haben.

Als sie über ihre therapeutischen Klienten nachdachten, scheint sie immer eine der Kernfragen Georg Christoph Lichtenbergs begleitet zu haben: „Könnte es nicht auch anders sein?" Wie kreativ sie die Frage jeweils für sich beantwortet haben, zeigen die vielen überraschenden, vom herkömmlichen therapeutischen Denken und Handeln abweichenden Hypothesen, Vorgehensweisen und Lösungen, die sie anhand der Fallbeispiele entwickeln.

Dieser Band setzt auch eine andere wohltuende Tradition der Veröffentlichungen der Gruppe fort: Er widmet sich einer neuen, anregenden Idee, zeigt deren Konsequenzen für die therapeutische Praxis auf und verzichtet auf allgemeine und langwierige Grundsatzdebatten. Wir freuen uns, den Lesern und Leserinnen ein so leicht zu lesendes, nützliches, herausforderndes und kurzes Buch anbieten zu können.

Gunthard Weber, Heidelberg

Vorwort

Von Bradford P. Keeney[1]

Im Mittelalter gab es in ganz Europa einen Feiertag, den man das Fest der Narren nannte. Zwar war er beim Adel und der herrschenden Klasse nicht populär, das einfache Volk jedoch feierte ihn. Die Einheimischen verkleideten sich als Repräsentanten der Kirche oder als Gerichtsbeamte, machten die hoch geachteten Ideen, Ideale, Rituale und Bräuche lächerlich und führten sie ad absurdum.

Ein wichtiger Beitrag des Festes der Narren bestand in der Art und Weise, wie es die Macht der Mächtigen schwächte und das Selbstbewußtsein der Bürgerschaft stärkte. Wie Harvey Cox (1969, S. 5) bemerkte, „beraubt man die Mächtigen allen leeren Scheins, erscheint die Macht weniger unwiderstehlich", und deshalb „zittern Tyrannen vor Narren und verbieten Diktatoren politisches Kabarett".

In dem vorliegenden Band hat dieser seltsame Brauch mit einem Fest der Respektlosigkeit in unseren Reihen wieder Aufnahme gefunden. Vielleicht befreit das die Praktiker aus den unwiderstehlichen Klauen der therapeutischen Schulen, Fachzeitschriften, Bücher, Startherapeuten und von all dem Pomp und Flitter unseres Berufsfeldes.

Mehr noch als eine Befreiung von allgemein anerkannten und gesicherten Ansichten eines würdigen Berufsstandes ist der Beitrag von Cecchin, Lane und Ray eine Einladung zum

1 Dr. Bradford P. Keeney ist Professor und Director of Scholarly Studies an der University of St. Thomas, St. Paul, Minnesota.

Spielen und dazu, das Spiel ernst zu nehmen, um ernsthafte Beiträge zum Leben der Klienten zu leisten. Durch die Praxis der Respektlosigkeit wird es uns gelegentlich mißlingen, die von den verschiedenen Psychotheologien aufgestellten Axiome zu ehren und zu achten oder sie einfach zu praktizieren. Statt dessen wird unsere Arbeit eher durch Neugier, Verlangen, Leidenschaft, Phantasie, Erfindung, Kreativität und Improvisation geleitet.

Der respekthabende Therapeut hat sich verpflichtet, auf *Relevanz* zu achten, gleichgültig wie respektlos sein Verhalten auch sein muß, um das zu erreichen. Diese Relevanz respektiert den „Unterschied" wie auch die „Abwesenheit" im Leben der Klienten, Therapeuten und der sozialen Institutionen, die sie verkörpern. Anders ausgedrückt wird „der Unterschied, der einen Unterschied ausmacht" genauso respektiert wie die Abwesenheit, die eine „Abwesenheit" ausmacht. Die Bemühungen, das sogenannte „Pathologisieren" zu dekonstruieren, aufzulösen, zurückzunehmen oder zu ignorieren, sind häufig genauso wertvoll für den therapeutischen Wandel wie die Konstruktion faßbarer Ressourcen.

Den Autoren gebührt Beifall dafür, daß sie alle Theorien und Therapiepraktiken mit allgemeinem Geltungsanspruch akzeptieren und ablehnen. Sie zeigen, daß jede heilige Kuh unseres Feldes nur einen Moment lang heilig ist, denn der heilige therapeutische Atem weht weiter, um in der unendlichen Konversation, die die Geschichte unseres Berufsstandes ausmacht, den nächsten Beitrag aufzunehmen. Die verschiedenen Einsichten bauen aufeinander auf, auch wenn sie sich unterscheiden und sich manchmal sogar auszuschließen scheinen. Betrachtet man sie von diesem globaleren und ökologischeren Blickwinkel, sind die geachteten „Wahrheiten" der Praxis keine in Stein gehauenen Gebote, sondern flexible Wegweiser, die zum Teil relevant und zum Teil irrelevant sind. Ihre „Wirklichkeit" ist ungefähr so beständig und stabil wie eine in rauher See treibende Boje aus Zucker.

Leser, die sich der von Cecchin, Lane und Ray ausgeworfenen Boje nähern, sollten ihre eigenen Reaktionen beobachten. Ruft sie Freiheit, Spiel, Phantasie und Respektlosigkeit hervor? Und spezifischer: Sind Sie ihr gegenüber respektlos? Wenn ja, ist es den Autoren gelungen, Sie in ihren Tanz einzubeziehen.

Wenn nicht, dann, meine ich, haben Sie das Buch zu ernst genommen. Sie haben sich dem Buch und womöglich dem Kontext des gesamten Feldes, von dem es ein Teil ist, mit zu viel Ehrfurcht genähert. Für solche Leser schlagen wir eine Intervention vor:

„Öffnen Sie das Buch auf einer beliebigen Seite und deuten Sie mit dem Finger auf irgendeinen Satz oder Absatz. Schreiben Sie ein Gegenpapier, in dem Sie darlegen, weshalb Sie meinen, daß niemand dem Inhalt gegenüber, den die Sätze ansprechen, respektlos sein sollte. Dann schreiben Sie den Autoren einen Brief, in dem Sie sich dafür bedanken, daß Sie von ihnen inspiriert wurden, dieses spezifische Gegenpapier zu schreiben. Achten Sie darauf, dies mit einer geschliffenen Respektlosigkeit zu sagen, damit die Autoren ihre eigene Medizin schmecken können!“ (Cox 1969).

Ich heiße alle Kliniker zu diesem Fest der Narren willkommen. Auf dem Fest wird das gesamte Feld durcheinandergewürfelt, und den ewigen Wahrheiten der Praktiker wird eine Verwandlung nach der anderen angeboten. Es wird auf der Straße getanzt, alles auf den Kopf gestellt und das Innere nach außen gekehrt. Wenn das Fest vorüber ist, können wir mit frisch gestärktem Respekt für Respektlosigkeit und einer weiteren Bestätigung unseres Menschseins an unsere Arbeit zurückkehren.

Einleitung

Unsere Erfahrungen, unser Alter und unsere Vergangenheit sind sehr verschieden. Wir sind jahrelang jeder für sich in unterschiedlichen Teilen der Welt unserer Arbeit in der systemischen Familientherapie nachgegangen. Nachdem wir uns verschiedentlich auf diversen Workshops zufällig getroffen haben, fanden wir uns schließlich in einer intensiven und anhaltenden Debatte über solche Themen wie Strategieentwicklung, Kybernetik (erster und zweiter Ordnung) und das Narrative in bezug zu unserer Praxis. Daraus entwickelte sich ein Thema, dem wir schließlich den Namen Respektlosigkeit (irreverence) gaben. Im Verlauf der nächsten beiden Jahre haben wir uns regelmäßig in Atlanta, Georgia, USA, getroffen, um die Idee der Respektlosigkeit auszuarbeiten.[2]

Wir hoffen, den Lesern mit diesem Buch eine Metaperspektive anzubieten, die vielleicht dazu beiträgt, einige Leute aus der endlosen Debatte über solche Dichotomien wie zum Beispiel Strategieentwicklung versus Nichtintervention, Macht versus Respekt, Narratives versus Kybernetik und welche Therapieschule „korrekter" ist, zu befreien. Dieses Buch ist unser Beitrag zu dieser lebendigen Debatte. Wir laden den Leser ein, an unserem Gespräch teilzunehmen.

2 Hinweis der Herausgeber: In Ermangelung eines passenderen deutschen Ausdrucks haben wir bei der Übersetzung für „irreverence" „Respektlosigkeit" gewählt. Es ist uns wichtig zu betonen, daß hier Respektlosigkeit nicht im Sinne von Geringschätzung und mangelnder Achtung von Menschen gemeint ist, sondern ein Sich-Erlauben und Dazu-Stehen, kreativ von gewohnten Ideen abzuweichen, wenn es nützlich ist.

Danksagung

Die Autoren möchten sich bei Tom Corbet und Charlie Tauber vom Hillside Hospital, Atlanta, Georgia, für ihre freundliche Unterstützung dieses Projektes bedanken.

Hinweis der Autoren

Hinweis der Autoren: Wenngleich sich die Autoren der Notwendigkeit der „gender sensitivity" bewußt sind, wird im Text aus Gründen der Einfachheit das männliche Pronomen verwendet. In den Fallbeispielen, die wir in dem Buch beschreiben, um unsere Ideen zu illustriereen, haben wir, um die größtmögliche Vertraulichkeit zu wahren, die Namen, persönlichen Daten und, wenn nötig, den Kontext geändert.

1. Die Idee der Respektlosigkeit

„Manche Menschen sind Überlebenskünstler, andere werden durch die Tragödien des Lebens zerstört, und das ist bloß eine der Grausamkeiten des Lebens."

Woody Allen

Dieses Buch stellt einen Versuch dar, unsere Überlebensstrategien auf der stürmischen See der Familientherapie zu beschreiben. Ob Anfänger oder Experte, wer sich auf das bewegte Meer der Familientherapie hinauswagt, wird unweigerlich von vielen Gefahren bedroht. Beschließen Sie als Anfänger, sich auf dieses Meer hinauszuwagen, stehen Sie als erstes vor dem Problem, für welche Schule Sie sich entscheiden sollen. Nur zu bald wird Ihnen womöglich beigebracht, die Schule, die Sie sich aussuchten, sei Teil Ihrer persönlichen Probleme. Wenn Sie dann in einer Institution zu arbeiten anfangen, beispielsweise in einem psychiatrischen Krankenhaus, wird Ihnen gesagt, daß das, was Sie in der Familientherapie-Ausbildung gelernt haben, hier nicht rein passe. Auf der Suche nach einer Rettungsleine besuchen Sie Tagungen, auf denen Sie Gurus kennenlernen, die Sie davon überzeugen, daß Sie die einzig richtige Art, Therapie zu machen, gefunden haben. Wenn Sie versuchen, ein Paar oder eine Familie zu interviewen, sehen Sie zum Schluß entweder aus wie jemand, der durch die vorherrschende patriarchalische Kultur einer Gehirnwäsche unterzogen wurde, oder aber Sie verunsichern andere mit Ihrer politisch korrekten feministischen Einstellung.

Die häufigste Doppelbindung, in die Sie geraten, besteht darin, daß ein Supervisor oder Lehrer Ihnen sagt, daß alles, was Sie machen, falsch sei, zu mechanisch. Sie sollten spontaner und kreativer sein (d.h.: so wie ich). Wenn Sie versuchen, sich mit einer Familie einfach zu unterhalten, dann werden Sie vom Supervisor beschuldigt, nur eine Konversation zu führen und keine Verantwortung für eine Änderung zu übernehmen. Wenn Sie Direktiven geben und sich etwas lösungsorientierter verhalten, werden Sie beschuldigt, sich als Diktator oder Kolonialist (Jackson 1963) aufzuspielen, der der Familiengeschichte nicht genügend Respekt zollt.

Um alles noch komplizierter zu machen, gibt es immer noch Leute, die der Meinung sind, Familientherapie müßte eine exakte Wissenschaft werden. Und was könnte schwerer sein? Als Therapeut, der seinen Klienten bloß zu helfen versucht, wird Ihnen gesagt, Ihre Erfolglosigkeit sei darin begründet, daß Sie nicht genug Forschungsarbeiten über Familienprozesse gelesen haben. So etwas wird Ihnen gewöhnlich dann gesagt, wenn Sie gerade dabei sind, einem Klienten bei der Lösung eines Problems zu helfen, und das Letzte, was Sie brauchen, sind solche Ratschläge, die implizieren, etwas stimme mit Ihnen nicht, weil Sie mit dem Problem der Familie nicht alleine fertig werden. Dann bekommen Sie weise Ratschläge wie zum Beispiel: „Warum fertigen Sie nicht ein Genogramm Ihrer eigenen Familie an, um herauszufinden, was Sie daran hindert, erfolgreich zu sein (wie ich!)?“

Als erfahrener Therapeut sind Sie dagegen gezwungen, sich ständig zu wiederholen und süchtig am eigenen Modell zu hängen. Sind Sie Lehrer oder Supervisor, verstärken Ihre Kollegen und Studenten womöglich Ihre Tendenz, sich festzufahren, und Sie sind nicht mehr in der Lage, die Welt auf eine andere Art und Weise zu sehen. Die Schüler, die Sie unterrichten, oder die Kollegen, für die sie Supervision durchführen, nähren sich von dieser Sicherheit und nähren diese gleichzeitig. Wenn Sie überzeugt sind, ein grandioses System zur Lösung menschlichen Leidens kreiert zu haben, treffen Sie auf andere Kollegen, die von der Richtigkeit ihrer eigenen Ansichten genauso überzeugt sind. Sie sind schockiert, wenn Sie entdecken, daß sie von Ihrer Vision nichts halten und sie gar als naiv abtun.

Trauen Sie sich, sich mit Ihren Ideen über die sicheren Grenzen der Familientherapie-Enklave hinauszuwagen, werden Sie vielleicht überrascht sein, wie unwichtig das Dogma der Familientherapie im größeren gesellschaftspolitischen Gefüge ist (in den Gerichten, den Institutionen der sozialen Dienste, der traditionellen Psychiatrie usw.). Seit vielen Jahren versuchen beispielsweise einige der angesehensten und einflußreichsten Köpfe im Bereich der Familientherapie gutdurchdachte systemische Modelle bei der Reformierung der Programme für Pflegekinder in größeren Städten in der ganzen Welt durchzuführen. Nachdem sie auf die gut organisierten Strukturen festgefügter Bürokratien stießen, haben sie immer wieder die Grenzen ihres Ansehens und ihrer Einflußmöglichkeiten zu spüren bekommen. Meistens sagen die Leiter dieser Sozialfürsorgeprogramme dem Möchtegernerneuerer, daß seine Ideen insbesondere für die Sozialarbeiter auf der direkten Fürsorgeebene theoretisch interessant seien. Leider konnten die Möchtegernerneuerer jedoch nicht begreifen, warum diese Ideen und Techniken, die sie in der Arbeit mit einzelnen oder Familien für sehr nützlich hielten, auf ein so gut etabliertes und facettenreiches System wie eine große städtische Sozialfürsorgeorganisation nicht angewandt werden konnten.

Wenn Sie sich als Experte an die Veröffentlichung eines wichtigen Buches oder Artikels wagen, schaffen Sie es wohl, einige Kollegen von Ihren Ideen zu überzeugen. Sie bleiben Ihnen treu und bestehen dann darauf, daß Sie bei diesen ursprünglichen Einsichten bleiben. Jeder Schritt weg von dem, was man von Ihnen erwartet, wird Ihnen übelgenommen oder sogar mit Abwendung bestraft. Man hört oft merkwürdige Geschichten über die tiefe Bedeutung, die einige Leute jeder Handlung Milton Ericksons während seiner letzten Lebensjahre beimaßen. Wenn er einschlief, konnte das als paradoxes

Signal interpretiert werden, sich in seiner Gegenwart zu entspannen (dabei war er vermutlich ganz einfach müde). Die Gefahr, als jemand etikettiert zu werden, der die „Wahrheit“ kennt, schränkt sowohl den „Experten“ als auch diejenigen, die von „Experten“ lernen möchten, ein. Einer der Autoren, dem der Ruf eines paradoxen Therapeuten anhaftete, vergaß einmal seine Rolle und begrüßte eine Familie ganz einfach mit: „Wie geht es Ihnen?“ Ein Student, der dies beobachtete, drehte sich zu einem anderen um und bemerkte: „Wo bleibt die Herausforderung?“

Im Gegensatz zu der Falle, in der von den führenden Köpfen erwartet wird, eine stagnierende Position der „Wahrheit“ aufrechtzuerhalten, scheint Murray Bowen unserer Ansicht nach in einer gegensätzlichen Position gefangen worden zu sein. Als einer der wichtigsten und einflußreichsten fruchtbaren Denker unseres Feldes verwendete er viel Energie darauf, andere von der wissenschaftlichen Wahrheit seiner Ideen zu überzeugen, und zeigte oft seine Frustration und Verärgerung gegenüber denjenigen, die scheinbar unfähig oder nicht willens waren, sein Modell zu verstehen. Nicht einmal die Gegenwart einer Gruppe treuer Anhänger konnte seine Verärgerung darüber verringern, mißverstanden worden zu sein.

Wie können wir dann als Experten zwischen Scylla und Charybdis überleben, wenn Menschen uns so sehr glauben, daß wir in der Falle sitzen oder wir selbst von unseren Ideen so angetan sind, daß wir unsere Zeit damit verbringen, den Glauben unserer Anhänger zu festigen? Oder umgekehrt, wie kann ein Anfänger zwischen der Versuchung, ein loyaler Student zu sein oder hoffnungslos eklektisch zu werden, überleben? Eine Antwort ist vielleicht der ständige Besuch von Tagungen und Workshops, was nötig zu sein scheint, um die Illusion der Wichtigkeit der Familientherapie für die ganze Welt aufrechtzuerhalten.

Wir möchten die Stärken der Familientherapiebewegung, die sich weiterhin am Rande der Kultur und des psychiatrischen Bereiches aufhält, wiederherstellen. Die vorteilhafte

Randposition resultiert aus der Quasiblasphemie seitens der Urheber des Familientherapiefeldes, die in den fünfziger Jahren die bestehenden psychiatrischen Dogmen scharf in Frage stellten. Wir meinen, daß wir mit diesem Buch über die Idee der Respektlosigkeit ironischerweise in einem konservativen Zusammenhang stehen, da wir damit versuchen, ein Gefühl von intellektueller Freiheit und Integrität zurückzugewinnen, das uns von den Urhebern des Feldes überliefert wurde.

Wie kamen wir auf die Position der Respektlosigkeit als organisierendes Prinzip für unser Überleben? Wir alle waren jahrelang von Zweifeln geplagt, beim Lernen, Therapielehren, in Gesprächen mit Familien, mit Kollegen usw. Wir lagen im Kampf mit unseren Zweifeln, einem Kampf, den wir immer zu verlieren meinten, weil sich nach kurzfristigen Siegen diese Zweifel wieder einschlichen. Solange wir diese Erfahrung für ein Handikap hielten, demoralisierte sie uns. Zu diesem Zeitpunkt waren wir der Überzeugung, ein verantwortlicher Therapeut müsse wissen, was er tue, und daran glauben, ohne die Hälfte seiner Zeit damit zuzubringen, darüber zu grübeln. Zum Glück hatten wir es nach vielen Jahren der Frustration satt.

Wie so oft, wenn wir uns dermaßen demoralisiert fühlten, waren uns Gregory Batesons Geschichten eine große Hilfe. In den sechziger Jahren lebte Bateson in Hawaii, wo er sich mit der Erforschung des kommunikativen Verhaltens der Delphine beschäftigte. Er arbeitete mit einer Gruppe junger Forscher zusammen, die auch daran interessiert waren, das Verhalten der Delphine zu studieren. Sie hatten allerdings sehr wenig Geld zur Unterstützung der Forschung. Also erarbeiteten sie ein Programm, in dem sie den Delphinen Kunststücke beibrachten, und luden die Öffentlichkeit für einen geringen Eintritt zu Vorführungen ein. Da sie sehr ethisch waren, weigerte sich die Gruppe, die Delphine immer wieder dieselben Kunststücke wiederholen zu lassen, denn sie hatten die Idee, den Zuschauern zu zeigen, wie die Trainer ihnen neue Kunststücke beibrachten.

Es wird erzählt, daß sie eines Tages mit einem neuen Delphin arbeiteten. Der Trainer hielt einen Fisch hoch, der Delphin sprang hoch und bekam einen Fisch. Später kamen neue Zuschauer, der Delphin kam und führte dasselbe Kunststück aus, bekam jedoch natürlich keinen Fisch als Belohnung, da es darum ging, ein neues Kunststück vorzuführen. Er wiederholte ständig dasselbe Verhalten, und nach etlichen mißglückten Versuchen, einen Fisch zu erhalten, legte der Delphin schließlich ein neues Verhalten an den Tag, einen Salto rückwärts, und bekam einen Fisch als Belohnung für das neue Verhalten. Als der Delphin dieses Verhalten wiederholte, erhielt er wieder keine Belohnung, obwohl er das neue Kunststück einige Male wiederholte. Unmittelbar vor der sechsten Vorstellung schauten die Trainer in das Rückhaltebecken und stellten fest, daß dieser Delphin einen unglaublichen Lärm machte und mächtig planschte. Der Delphin hatte sechs neue, noch nie vorher festgehaltene Verhaltensweisen gezeigt. Nach Batesons Beschreibung der Situation lag das daran, daß der Delphin durch den langen, frustrierenden Prozeß des Wiederholens desselben Verhaltens in der Hoffnung auf eine Belohnung, die dann frustriert wurde, schließlich begriffen hatte, daß es sich hier um eine Situation handelte, in der neues Verhalten gezeigt werden mußte, um eine Belohnung zu bekommen. Der Delphin hatte gelernt zu lernen.

Dem Delphin in Batesons berühmter Geschichte nicht unähnlich, erfuhren wir einen kreativen Sprung im Lernen. Nach Jahren der Frustration begannen wir, unsere Zweifel als Zustand der Respektlosigkeit zu erfahren. Anstatt unsere Zweifel als etwas Behinderndes zu erleben, wurden sie zu einem Aktivposten.

In den folgenden Kapiteln wird der Leser verschiedene Beispiele therapeutischen Verhaltens finden, das wir Respektlosigkeit nennen. Viele dieser zu beschreibenden Handlungen werden sich vertraut anhören, da sie den paradoxen, strategischen und narrativen Modellen entstammen. Wir glauben jedoch, daß wir uns durch die Verwendung dieses Wortes dazu zwingen, unsere Überlegungen zu erweitern, um Fragen des Pragmatismus und der Ethik zu umfassen und sogar, wenn das nicht zu ehrgeizig ist, um die Vorraussetzungen des Menschseins in einer sich wandelnden Welt zu hinterfragen.

Während der vergangenen vier oder fünf Jahre haben uns zwei unterschiedliche Denkrichtungen besonders fasziniert. Eine, die Theorie der Kybernetik zweiter Ordnung, betonte die Beteiligung des Beobachters (Therapeuten) im System, wie bei Maturanas und Varelas (1980) Idee, daß eine instruktive Interaktion zwischen Lebewesen unmöglich ist. Darüber hinaus schlugen von Foerster (1981) und Keeney (1982, 1987) vor, daß eine Beziehungswirklichkeit gemeinsam im Bereich der Sprache konstruiert wird. Zusätzlich weisen die Arbeiten von Goldner (1988) und anderen feministisch orientierten Praktikern auf die Einschränkungen der Kybernetik erster Ordnung für die Erklärung der Komplexität geschlechtsbezogener Fragen hin.

Die zweite Richtung entfernt sich völlig von der kybernetischen Metapher hin zu einer narrativen Epistemologie. Laut Anderson und Goolishian (1990a, 1990b), White (1989) und vor kurzem Hoffman (1990) sind die Menschen in eine Geschichte vertieft, in die jeder einbezogen ist, die jedoch Probleme hervorrufen kann und gleichzeitig das Potential besitzt, sie zu lösen. Goolishian und Anderson plädieren für die Aufrechterhaltung der Offenheit des therapeutischen Gesprächs als Methode, die Wahrscheinlichkeit zu erhöhen, daß vielfältige Realitäten daraus hervorgehen werden. Diese Bewegung in Richtung auf Nichtinstrumentalisierung könnte man als eine Position charakterisieren, die sagt:, „Sei vorsichtig, denn wenn der Therapeut die Illusion vermittelt, daß er etwas tun kann, wird das System die Illusion von Macht akzeptieren!" In gewisser Hinsicht scheinen diese Autoren zu sagen, daß der Glaube an die Macht dazu führt, zu einem Vertreter sozialer Kontrolle zu werden, dem Diktat dessen unterworfen, was nach Meinung des Therapeuten „gesundes" oder „normales" Funktionieren ist.

In gewisser Hinsicht sind die jüngsten Arbeiten von Goolishian und anderen ein Antidot für jene von uns, die sich zu sehr in die Position strategischen Vorgehens und Intervenierens verrannten. Politisch war Goolishians, Hoffmans und Andersons Anliegen wegen der Instrumentalisierung innerhalb unseres Gebietes der Familientherapie sehr wichtig. Basiert Therapie zu sehr auf der Instrumentalisierung, wie Menschen zu helfen ist, sich zu ändern, besteht das Risiko, daß sie zu einem Instrument des Rechtssystems wird. Wir hören ständig die Sorgen von Therapeuten, die fürchten, daß sie in eine Position kommen, bei der sie vom Rechtssystem kooptiert und als soziale Kontrolleure stigmatisiert werden.

Der Vorteil der von Goolishian vertretenen Position besteht darin, daß man die Falle vermeiden kann, den Familien, den Gerichten und anderen Institutionen Versprechungen zu machen, daß man in der Lage wäre, den Menschen zu helfen, sich zu verändern. Wenn ein Therapeut Versprechungen macht, daß er zu kommunizieren und zu kontrollieren wisse, beginnt er für den Klienten eine Gefahr darzustellen und riskiert, von Institutionen der sozialen Kontrolle manipuliert zu werden.

An diesem Punkt fingen die oben erwähnten Zweifel an, uns zu verfolgen, und zwar in dem Moment, als Lehrer und Studenten anfingen, Fragen zu stellen wie, zum Beispiel: Wenn ein Klient um Hilfe oder Ratschläge bittet, warum sollte man nicht darauf eingehen? Wenn eine Situation eine autoritäre Intervention erfordert (z.B. Mißbrauch, Gewalt, Selbstmord), warum sollte man nicht intervenieren? Wenn jemand einen „Experten“ sucht, warum sollte man sich ihm/ihr nicht als Experte anbieten? Wenn jemand eine diagnostische Etikettierung sucht, warum sollte man ihm/ihr diese nicht als Lösung anbieten? Die entscheidende Frage wurde: Wie kann ein systemischer Therapeut etwas Initiative wiedererlangen, ohne dem schon überholten, auf der Illusion von Macht und Kontrolle basierenden Modell zu verfallen?

Ist man zu sehr von der Nichtinstrumentalisierung überzeugt, ist man gefangen, eingeschränkt und unfähig zu handeln. Die Angst, zu aktiv zu sein, kann lähmend wirken. Oder man verfällt dem magischen Glauben, daß eine Umschreibung der Geschichte Menschen ändert. Viele Therapeuten fielen der Illusion zum Opfer, daß eine bloße Änderung des Etiketts selbst chronische Familiendramen immer lösen könnte. Auch die Überzeugung, daß man durch die Aufgabe der Idee strategischen Vorgehens eine Wirkung erzielen kann, führt dazu, daß man zu sehr an das Instrument der Nichtinstrumentalisierung glaubt. Die Versuchung, Kontrolle durch Nichtinstrumentalisierung ausüben zu wollen, kommt oft auf die von uns zurück, die schon durch diesen Prozeß hindurchgegangen sind. So beinhaltet der Sprung des Delphins den Kampf gegen die Versuchung, jemals ein überzeugter Anhänger einer bestimmten Vorgehensweise oder Theorie zu werden (Whitaker 1976).

Die Frage, die sich beim Versuch, eine Position der Respektlosigkeit einzunehmen, stellt, lautet: Kann dieser Schritt gemacht werden, ohne daß es zu einem Rückfall kommt und wir Positionen einnehmen, bei denen wir zu sehr an unsere Strategien oder an die Abwesenheit von Strategien glauben? Eine Lösung besteht darin, sich niemals völlig von diesem oder jenem Modell verführen zu lassen. Der respektlose Therapeut gibt dem Bedürfnis, einer bestimmten Theorie zu folgen, nicht nach, wie er sich auch nicht verführen läßt, den Regeln des Klienten oder des überweisenden Systems (z.B. den Gerichten oder den sozialen Wohlfahrtseinrichtungen) zu folgen.

Hier muß betont werden, daß es nützlich ist, sich einige ethische deontologische[3] Prinzipien zu vergegenwärtigen, die heute innerhalb der therapeutischen Gemeinschaft Teil einer lebhaften Debatte sind. Die Hauptprämisse lautet, daß eine übertriebene Loyalität gegenüber einer bestimmten Idee dazu

3 Der Begriff ‚deontologisch' bezieht sich auf Deontologie, in Websters Unabridged Dictionary (1983) definiert als „das, was bindend und korrekt ist", oder genauer: „die Theorie der Pflicht oder der moralischen Verpflichtung; der Ethik" (S. 487).

führt, daß das Individuum, das sie sich zu eigen macht, unverantwortlich wird in bezug auf die ihr immanenten moralischen Konsequenzen. Wenn etwas Verheerendes geschehen ist, trägt nicht das Individuum, sondern die Idee, der die Handlung entspringt, die Verantwortung (wie beispielsweise die von den Angeklagten bei den Nürnberger Prozessen eingenommene Position, die die Verantwortung für ihr Verhalten mit der Begründung übertriebener Treue gegenüber dem Dritten Reich von sich wiesen). Im Bereich der Psychiatrie zwingt den Therapeuten die totale Bindung an die Idee, daß die Geisteskrankheit biologischen Ursprungs sei, oder daß das Problem, dem wir gegenüber stehen, einer emotionalen oder umweltbedingten Deprivation entstamme, dazu, zum Manager unmöglicher Situationen zu werden. Dann besteht die einzige „ethische" Lösung darin, ein „Experte" zu werden und die Verantwortung für das Leben des Patienten zu „übernehmen".

Aus unserer Sicht, die manche vielleicht für extrem halten, ist diese Position unverantwortlich, weil der Therapeut, der diese Haltung einnimmt, oft nicht fähig ist, die pragmatischen Konsequenzen seines eigenen Verhaltens zu überprüfen. Es ist ihm nicht klar, daß seine Art zu handeln und zu denken zu einem Teil des Problems wird. Respektlosigkeit, wie hier beschrieben, ist ein Versuch, das, was für uns eine ethischere, deontologische Position darstellt, wiederzugewinnen.

Man könnte dagegenhalten: Wenn es gefährlich ist, zu sehr an eine Theorie zu glauben, erscheint es auch zwecklos, zu studieren oder zu forschen – in der Therapie ist dann alles möglich. Wir sind damit überhaupt nicht einverstanden. Uns scheint, man muß etwas sehr genau kennen, bevor man in der Lage ist, sich ihm gegenüber respektlos zu verhalten. Man muß die Literatur verschiedener therapeutischer Ansätze sehr gut kennen und in mindestens einer davon ein „Experte" sein. Das heißt nicht, daß nicht auch ein Anfänger, der dem Druck eines Supervisors oder eines Klienten ausgesetzt ist, merken kann, daß das, was er tut, nicht funktioniert. In dem Kapitel über Ausbildung gehen wir näher darauf ein.

Zusammenfassend kann die Begeisterung, die ein Therapeut für ein Modell oder eine Hypothese empfindet, ihm helfen, einer Familie näher zu kommen, während er gleichzeitig ein bestimmtes Maß Neugier und Respekt behält. Allerdings nimmt der Therapeut erst in dem Moment, in dem er anfängt, die Wirkung seiner eigenen Haltung und seiner Hypothesen zu reflektieren, eine sowohl ethische als auch therapeutische Position ein. Um diese Fähigkeit zur Selbstreflexion zu erlangen, muß man unserer Ansicht nach ein bestimmtes Maß an Respektlosigkeit und einen Sinn für Humor haben, was man durch ständigen Austausch mit Kollegen, mit Außenstehenden, mit Studenten und mit Patienten erreicht.

Die Respektlosigkeit hat nichts Revolutionäres an sich und hat auch nichts damit zu tun, die Unterdrückung in der Familie beziehungsweise in Institutionen zu bekämpfen. Es ist eine die Haltung des Therapeuten reflektierende Position, die ihn befreit und ihm zu handeln gestattet, ohne der Illusion der Kontrolle zum Opfer zu fallen. Die Position der systemischen Respektlosigkeit erlaubt es dem Therapeuten, auf den ersten Blick widersprüchliche Ideen nebeneinanderzustellen.

Der respektlose Therapeut unterminiert ständig die Muster und Geschichten, die Familien einengen, fördert Ungewißheit und gibt dadurch dem Klientensystem Gelegenheit, neue Werte, Bedeutungen und weniger restriktive Muster zu entwikkeln. Auf dem Weg zu einer Position der Respektlosigkeit muß man versuchen, sich von der einnehmenden Natur konsensueller Glaubenssätze zu befreien, und willens sein, nicht bedingungslos das zu tun, was der Staat oder die Institution oder selbst die Klinik, in der man arbeitet, von einem verlangen.

Ein hervorragendes Beispiel stellt das Verhalten von Fidel Castro mit seinem Versuch dar, sich dem Ende des Kalten Krieges anzupassen. Dieser Wandel scheint zu bewirken, daß sich Castros Glauben an seine eigene Konstruktion dessen, was er für die beste Regierungsform für Kuba hält, verhärtet. Selbst die geringste Form der Respektlosigkeit gegenüber seinem Glauben an die kommunistische Lehre muß ihm unmoralisch vorkommen. Er scheint willens, sowohl Kuba als auch sich selbst an den Rand des Abgrunds zu bringen, um den von ihm seit dreißig Jahren strikt verfolgten Prinzipien treu zu bleiben. Für Castro wäre es eine unverzeihliche Sünde, sich auch nur einem Teil seiner Lehre gegenüber disloyal zu verhalten.

Die Respektlosigkeit gibt dem Therapeuten die Freiheit, spielerisch zu sein, ohne einem ihn einengenden Bedeutungssystem zu verfallen. Er ist frei, um nach absurden wie auch tragischen Aspekten der Situation zu suchen.

In unserer kleinen Welt der Therapie ist es die Aufgabe des „respektlosen" Therapeuten, jene Aspekte der Realität der Klienten, die sie daran hindern, die von ihnen gewünschten Veränderungen zu machen, zu unterminieren. Nimmt der Therapeut eine respektlose Position ein, ist er skeptisch gegenüber Polaritäten. Er ist sowohl frei von der passiven Position des „Ich-sollte-nicht-hineingehen-und-eine-Idee-präsentieren,-wie-sich-Menschen-verändern-können", als auch von der strategischen Position des „Ich-muß-eine-Taktik-entwickeln". Mit Respektlosigkeit führt der Therapeut eine Idee ein, ist aber nicht unbedingt der Meinung, daß die Menschen ihr folgen sollten.

So wie es unmöglich ist, nicht zu kommunizieren, ist es auch unmöglich, keine Hypothese zu haben. Weshalb sollte der Therapeut den Wunsch unterdrücken, eine Hypothese zu formulieren, eine Idee zu haben? Weshalb sollte er sie nicht statt dessen nutzen? Solange er sich nicht in die Hypothese verliebt, solange er mit ihr spielt oder mit Kollegen darüber spricht, soll er eine Hypothese aufstellen und die Verantwortung dafür übernehmen. Er muß bereit sein, sie zu verwerfen, wenn sie nicht mehr nützlich ist. Hypothesen sollte man nicht als Erklärungen, sondern als Beschreibungen gebrauchen.

Manchmal möchte der Therapeut vielleicht etwas tun, wie zum Beispiel ein Ritual durchzuführen. Weshalb sollte er ehrfürchtig an dem Dogma festhalten, niemals etwas zu tun? Weshalb sollte er nicht gelegentlich handeln? Es ist gemäß zu handeln, solange der Therapeut die Verantwortung dafür übernimmt, insbesondere, wenn er sich eine Zeitbeschränkung auferlegt. Wir möchten diesen Punkt besonders hervorheben. Der Therapeut kann einem Klienten durchaus sagen, daß er ihn während des zweiwöchigen Krankenhausaufenthaltes als psychiatrischen Patienten betrachten wird. Er kann sich vorübergehend dafür entscheiden, die Freiheit eines Klienten, den er für selbstmordgefährdet hält, für eine gewisse Zeit zu beschränken. Er kann sich um das Leben eines „hilflosen" Menschen kümmern, solange er glaubt, daß dieser sich nicht um sich selbst kümmern könne. Und schließlich kann man sich in der Ausbildung entscheiden, während der zwei oder vier Jahre an einen Lehrer zu glauben.

Der Therapeut ist nicht daran interessiert zu wissen, was genau eine Änderung hervorruft, er ist nur an dem Wandel interessiert, der tatsächlich geschieht. Respektlosigkeit heißt, niemals eine einzige logische Ebene einer Position zu akzeptieren, sondern es vorzuziehen, mit verschiedenen Abstraktionsebenen zu spielen und von einer Ebene zur anderen zu wechseln. Anstatt zum Beispiel feststehende Beschreibungen zu akzeptieren, geht es um eine Position, die Gewißheit unterhöhlt. Sobald der Klient eine Gewißheit äußert, beschreibt der Therapeut das Phänomen auf einer anderen Abstraktionsebene. Eine solche Position verlangt häufig, daß man genau das Gegenteil dessen tut, wozu der gesunde Menschenverstand auffordert (Weakland 1989). Der Klient kam, weil er etwas ändern wollte. Der respektlose Therapeut sagt dem Klienten womöglich, daß das, was er tut, gut sei und er langsam machen und nichts ändern solle.

Ziehen Sie also Ihre Schwimmweste an und lassen Sie beide Ruder ins Wasser, da wir uns auf eine respektlose Reise durch diese wunderbar gefährlichen Gewässer der Familientherapie begeben.

2. Respektlosigkeit und Gewalt

Bestimmte Themen sind emotional so überfrachtet, daß manche Kollegen meinen, systemische Ideen ließen sich dort nicht anwenden. Bestimmte Themen oder präsentierte Probleme sind so heikel, daß die Kollegen große Schwierigkeiten haben, von ihren Gefühlen abzusehen. Zu diesen Problemen gehören viele Arten von Gewalt zwischen den Geschlechtern, insbesondere Inzest. Es scheint, als ob es in besonders emotional besetzten Bereichen eine starke Tendenz gäbe, die Themen mit Entweder-oder-Dichotomien wie schwarz oder weiß, gut oder böse, Opfer oder Täter anzugehen. In solchen Situationen treten die individuellen Wertvorstellungen so in den Vordergrund, daß es unvorstellbar zu sein scheint, die Systemtheorie anzuwenden, und es scheint, als ob sie nur für nette Menschen geeignet sei. Es ist, als ob bei bestimmten Themen primitive Reaktionen vorherrschen. Inzest, Vernachlässigung oder Mißbrauch von Kindern und das Verprügeln des Partners sind Beispiele für Themen, die sehr starke emotionale Reaktionen hervorrufen und eine effektive Therapie schwierig machen können.

Eine Möglichkeit, über Gewalt nachzudenken, besteht darin, sich zu überlegen, welche Geschichten heute, im Jahre 1992, zur Verfügung stehen. Opfer und Täter, Unterdrücker und Unterdrückte, gleichberechtigte Teilnahme, leidenschaftlich und leidenschaftslos, das sind zur Zeit einige der auffallendsten Geschichten. Zwei davon scheinen heute besonders vorherrschend:

Eine, die feministische Position, konzeptualisiert Gewalt gegenüber Frauen als das Produkt einer Entwicklung, die Frauen zu Opfern einer unterdrückenden, männerdominierten Gesellschaft werden ließ. Feministinnen haben bestimmte starke Überzeugungen, gegenüber denen sie nicht „respektlos" sein wollen. In bezug auf Gewalt ähnelt beispielsweise die feministische Position sehr der traditionellen Orientierung gegenüber Gewalt (konzeptualisiert im Sinne einer Opfer-Täter-Dualität).

Die zweite, die systemische Orientierung, verläßt die gesamte Opfer-Täter-Dichotomie und fokussiert eher auf Interaktionsmuster, die die Menschen verbinden und die Gewalttätigkeit als Verhaltensmuster auslösen.

Die respektlose Perspektive, die wir hier vertreten, ermöglicht die Freiheit, den Wert beider Orientierungen zu respektieren, ohne der Beschränkung ausgesetzt zu sein, ausschließlich einer einzigen folgen zu müssen. Glauben wir zu sehr an eine Position, an eine Geschichte, riskieren wir es, eine unflexible, verarmte therapeutische Realität zu schaffen. Das ist das Wesen unserer respektlosen Position. Wir sagen nicht, daß Respektlosigkeit besser sei als eine andere Geschichte. Vielmehr werfen wir die Frage auf, wie wir es schaffen können, gegenüber *jeder* Geschichte illoyal zu sein, wenn sie nicht mehr nützlich ist.

Ohne gegenüber den potentiellen Gefahren der Welt respektlos erscheinen zu wollen, möchten wir die von Camile Paglia geäußerte provokative Ansicht wiederholen, die in ihrem Buch *Sexual Persona* (1989) stichhaltige Gründe dafür anführt, daß man es sich zu einfach macht, wenn man bestimmte Situationen für ein politisches Machtproblem hält. Paglia meint, Sex könne sowohl für Männer als auch für Frauen eine viel dunklere Macht darstellen, als gemeinhin angenommen wurde. Sex und Gewalt waren jahrhundertelang Teil unserer menschlichen Geschichte und sind nichts Neues. Nach Paglia wurde die Gesellschaft von Menschen geschaffen, um uns gegenüber der Natur zu verteidigen. Aber die Natur sickert auf millionenfache Weise durch.

„Die Gesellschaft ist eine künstliche Konstruktion. Eine Verteidigung gegenüber der Macht der Natur. Ohne die Gesellschaft wären wir ein Sturm, der auf dem barbarischen Meer der Natur hin- und hergeworfen wird. Die Gesellschaft ist ein System einer inhärenten Form, die unsere erniedrigende Passivität gegenüber der Natur vermindert. Wir können diese Formen langsam oder auch plötzlich verändern, dennoch wird keine Veränderung in der Gesellschaft jemals die Natur ändern." (S. 4).

Wenngleich wir uns als Therapeuten ständig bemühen, diese Aspekte menschlichen Verhaltens zu beseitigen, sind Gewalt, Vergewaltigung, Inzest ständig mit uns. Wenn wir als Therapeuten solche Dinge sehen, sollten wir uns nicht lähmen lassen. Denn solche Ereignisse sind natürliche Phänomene. Weshalb sollten sie uns erschrecken? Wenn wir rein emotional reagieren, wird das für uns zu einem Problem, und wir sind dann für unsere Klienten keine große Hilfe. Paglia entschuldigt Gewalt nicht, vielmehr erkennt sie ihre Existenz als Teil der Natur an. In einer postmodernen Welt, in der viele der Sicherheiten, die dazu beitrugen, uns von der Natur zu trennen, und auf die wir so sehr bauten, jetzt in Frage gestellt werden, ist es nach Paglia wesentlich, uns in Erinnerung zu rufen, daß wir ein Teil der Natur und mit ihr verstrickt sind.

Paglia (1989) bezweifelt auch die radikale feministische Ansicht, daß die Mehrheit der Frauen Opfer der Männer sind:

„Es waren männliche Bindung und das Patriarchat, zu denen die Männer Zuflucht nehmen mußten, weil ihrem Verständnis nach die Macht der Frauen, ihre Undurchdringlichkeit, ihr archetypisches Bündnis mit der chtonischen Natur schrecklich waren. Der Körper der Frau ist ein Labyrinth, in dem sich der Mann verirrt. Er ist ein mit einer Mauer umgebener Garten, ein mittelalterlicher hortus conclusus, in dem die Natur ihre dämonische Magie ins Werk setzt. Die Frau ist der urzeitliche Erfinder, die wirkliche Urheberin. Sie verwandelt einen Abfallklumpen in ein sich ausbreitendes Netz eines empfindungsfähigen Seins, das auf der schlangengleichen Nabelschnur gleitet, mit der sie jeden Mann an die Leine nimmt." (S. 12).

Im Gegensatz zu den Geschichten der Feministinnen und Paglias betont der systemische Ansatz nicht primär das Individuum, sondern ist vielmehr interessiert an der zirkulären Natur von Kausalität, Rückkoppelung, Mustern und der Beziehung zwischen den Menschen. Jede dieser Theorien kann in einer gegebenen Situation nützlich sein. Als Therapeuten wollen wir helfen, deshalb verwenden wir dem jeweiligen Kontext angemessene Geschichten, um dem Klienten zu helfen.

Als Therapeuten mit einer gewissen Vorliebe für den systemischen Ansatz fanden wir eine Sache sehr nützlich, daß nämlich in vielen Fällen, in denen Gewalt eine Rolle spielt, die Sexualität ungemein mächtig ist. Eines der vorherrschenden Themen, das wir während der Arbeit mit vielen von Gerichten überwiesenen gewalttätigen Familien vorgefunden haben, ist das Vorhandensein einer ungewöhnlich starken sexuellen Leidenschaft. Wir begannen, die Idee zu verfolgen, daß Paare in vielen Fällen von Leidenschaft zusammengehalten werden, obgleich es in der Beziehung schwerwiegende Gewaltätigkeit gibt. Wir haben herausgefunden, daß der sogenannte sadomasochistische Aspekt für viele Paare sehr sexy, sehr leidenschaftlich und außerordentlich gefährlich sein kann. Wir sind darauf gestoßen, daß das eine ungemein ressourcenreiche Geschichte ist, die sich lohnt, in der Arbeit mit Gewalt bei Paaren zu untersuchen.

Wir haben die Erfahrung gemacht, daß wir uns aus Furcht vor Angriffen von Feministinnen und dem Vorwurf, die Unterdrückung der Frau zu vernachlässigen, scheuten, mit anderen Berufskollegen über unsere Beobachtung zu sprechen, daß Leidenschaft ein wichtiger Bestandteil vieler gewalttätiger Situationen ist. Freilich scheint es so zu sein, daß manche Therapeuten in der Arbeit mit Gewalt am meisten dadurch beunruhigt werden, daß sie die intensive physische Schmerzebene und auch die bei einem Paar vorhandene sexuelle Leidenschaft nicht aushalten. Paare, die mit Gewalttätigkeit zu tun haben, sind oft von starken gegenseitigen Gefühlen ergriffen, und viele Therapeuten mit konventionellen Mittelklasse-Überzeugungen haben ehrlich gesagt Angst, über Gewalt aus einer nichttraditionellen Perspektive nachzudenken (z.B., daß sie eine Sache der Leidenschaft ist, die zu einem gewaltsamen Tanz führt, an dem zwei Erwachsenen beteiligt sind), geschweige denn, etwas tatsächlich Kontroverses zu tun, wenn sie mit Gewalt arbeiten.

In vielen Fällen sind gewalttätige Paare bereit, für diese Beziehung zu sterben, zu sterben für ihre Leidenschaft. Sie sind bereit, ihr Leben zu riskieren. Manche Therapeuten haben Schwierigkeiten zu verstehen, daß jemand bereit sein kann, für eine Beziehung zu sterben, wo sie selbst sich doch lieber scheiden ließen, die Gerichtskosten zahlen und ihrer Wege gehen würden. Dies scheint in unserer westlichen Kultur ein weitverbreitetes Muster zu sein.

Wenn man erkennt, daß sich ein Therapeut an jeder einzelnen aus einer Reihe von unterschiedlichen Geschichten orientieren kann, stellt sich die Frage, was er dann tut. Natürlich wählt jeder Therapeut die eine oder die andere Geschichte. Es ist unmöglich, keine Auswahl zu treffen. Sind Sie Feministin, lassen Sie sich von der feministischen Ausrichtung leiten. Sind Sie ein an der Kybernetik ausgerichteter Therapeut, lassen Sie sich von der systemischen Richtung leiten (Bowen, MRI, lösungsorientiert, Mailänder Modell usw.). Der Therapeut wählt sich die aus, mit der er sich am wohlsten fühlt. Im Gegensatz dazu ist der respektlose Therapeut bereit, sein Vorurteil aufzugeben, wenn er nicht mehr weiterkommt, und sich für andere zu entscheiden, die besser zu der klinischen Situation passen. Wir meinen, daß der Therapeut bemüht sein sollte, sich die Konsequenzen seiner Wahl bewußt zu machen. Therapeutisch gesehen ist das die verantwortungsvolle Position.

Die selbstmordgefährdete Dame und der höfliche Therapeut

Ein gewalttätiges Paar kam zur Behandlung, nachdem der Mann seine Frau in zwei Fällen geschlagen hatte. Die Frau reagierte darauf, indem sie sich wehrte und ihn ihrerseits angriff. Aufgrund der Interviews war der Therapeut davon überzeugt, daß der Mann eine homosexuelle Beziehung mit einem anderen Mann hatte. Der Therapeut war besorgt, daß der Ehemann seine Frau mit AIDS anstecken könnte. Sie war das Opfer. Der Therapeut hatte das Gefühl, die Frau beschützen zu müssen, und entwickelte eine starke Bindung zu ihr. Er versuchte, das Paar zu trennen, indem er der Frau nahelegte, ihren Mann zu verlassen und in ein Frauenhaus zu ziehen. Der Therapeut nahm eine traditionelle Opfer-Täter-Position ein, indem er darauf bestand, daß der Ehemann ein Unterdrücker sei, der seine Frau quälte.

Einer der Autoren wurde während der Nachbereitung des Falles als Berater hinzugezogen, nachdem die Frau ihren Mann nach einem Streit, in dessen Verlauf der Mann angekündigt hatte, zu seinem schwulen Liebhaber zu ziehen, ermordet hatte. Obwohl die Frau ihren Mann ermordet hatte, sah der Therapeut zur Zeit der Konsultation immer noch die Frau als das Opfer des Mannes an.

Was läßt sich aus einem solch tragischen Fall lernen? Es hatte den Anschein, daß der Therapeut durch seine unflexible Opfer-Täter-Haltung nicht in der Lage war, dem Paar zu helfen, sich aus dem tödlichen Tanz zu lösen. Er war gegenüber der Opfer-Unterdrücker-Idee so respektvoll und trug durch seine Unfähigkeit, dem Paar zu helfen, alternative Prämissen und Muster zu entwickeln, dazu bei, einen Kontext zu schaffen, in dem die Frau ihren Mann umbrachte. Da er sich gegenüber der Idee von Opfer/Täter so loyal verhielt, half der Therapeut, einen therapeutischen Kontext zu schaffen, in dem es keine Möglichkeiten für Veränderungen gab. Man könnte sagen, daß der Therapeut durch sein Arbeitsbündnis mit der Frau – er betonte ständig, daß ihr Mann sie unterdrücke – dazu beitrug, daß sie keinen anderen Ausweg sah als einen Mord. Ein wirklich trauriger Aspekt dieser Geschichte besteht darin, daß einige Leute, darunter auch viele Therapeuten, womöglich sagen: „Wir wußten, daß das zu Gewalt führen würde." Ist der Therapeut weiterhin der Ansicht, daß in Situationen, in denen Männer Frauen unterdrücken, solche Dinge passieren, könnte er sich in der Einschätzung der Ernsthaftigkeit der Situation bestätigt fühlen, ohne jemals zu erkennen, daß er es war, der dazu beitrug, das Szenario zu stellen, in dem die tödliche Gewalt geschehen konnte.

Denkt man über therapeutische Verantwortung nach, muß man die potentiellen Gefahren eines zu großen Glaubens an das eigene Paradigma in Betracht ziehen. Um was geht es? Wir sehen eine Situation, in der der Therapeut durch seine Bindung an das Paradigma Opfer/Täter dazu beitrug, einen Kontext zu schaffen, in dem ein Mord geschah. Danach geht der Therapeut, der von der Stichhaltigkeit der Opfer-Täter-Position überzeugt ist, womöglich von dannen, fühlt sich bestätigt, und äußert solche Rechtfertigungen wie: „Ich wußte von Anfang an, daß dies eine sehr gefährliche Situation war. Wenn ich es nur geschafft hätte, den Mann dazu zu bringen, aufzuhören, sie zu unterdrücken, wäre sie nicht bis zu dem Punkt getrieben worden, an dem sie ihn umbringen mußte." Und dem Therapeuten würde nicht bewußt werden, daß er dazu beitrug, ein Szenario zu schaffen, in dem sich tödliche Gewalt ereignete.

Auch der Supervisor hat seinen Teil der Verantwortung zu tragen, da es ihm nicht gelang, den Therapeuten davon zu überzeugen, loszulassen. Der Supervisor versuchte, die starre Unterdrücker-Unterdrückte-Position des Therapeuten aufzuweichen, ärgerte sich jedoch so sehr über dessen unflexible feministische Position, daß er antifeministisch wurde. Mit seinem starren Antifeminismus bestärkte er die feministische Orientierung des Therapeuten. So lange der Supervisor die Position des Therapeuten, daß der Mann die Frau unterdrückte, verwarf, konnte der Therapeut nicht auf den Supervisor hören. Der Supervisor war nicht in der Lage, mit dem Therapeuten ein nützliches Gespräch zu führen. Dieser seinerseits war nicht in der Lage, die Situation anders zu sehen, und so geschah die Tragödie. Weshalb konnte der Supervisor den Therapeuten nicht überzeugen? Weil er fanatisch an seiner eigenen Idee festhielt und so eine symmetrische Eskalation in Gang setzte, die beide nicht mehr anhalten konnten. Der Therapeut reagierte emotional sehr betroffen auf die Tragödie. Später, aber zu spät, begann er über die Implikationen seines starren Festhaltens an dem Bezugsrahmen Unterdrücker/Opfer nachzudenken. Wenn man über die Verantwortung von Therapeuten nachdenkt, ist es gut, die potentielle Gefahr, zu stark an das eigene Paradigma zu glauben, mit zu berücksichtigen.

Das leidenschaftslose Paar

In einem anderen Beispiel war an einem durch die Gerichte überwiesenen Fall ein Mann beteiligt, der Pianist in einer Jazz-Band war. Er und seine Frau kamen in die Therapie, weil sie ihn verprügelt hatte. Sie war ihm gegenüber sehr gewalttätig, schubste ihn herum, weil er trank und ständig fernsah. Die Töchter verbündeten sich mit der Mutter. Sie warfen ihm vor, daß er zu viel trinke, zu viel fernsehe und nicht genug im Haus arbeite. Im Verlauf der Auseinandersetzung entschloß sich die Frau, ihn hinauszuwerfen. Sie war eine leitende Angestellte und hatte eine sehr gute Stellung. Sie hatte die Nase so voll, daß sie ihn hinauswarf. Er suchte sich eine eigene Wohnung und überlebte, und auch die Familie überlebte. Die Beziehung zu seinen Kindern war danach ziemlich schlecht.

Es war eine sehr einfache Geschichte. Keine magische Lösung, aber sie veranschaulicht eine etwas andere Haltung gegenüber Gewalt bei Paaren. Die Frau, die zur Therapie kam, unterdrückte ihren Mann nicht, sondern tyrannisierte und verprügelte ihn. Die Frau erkannte, daß sich ihr Mann nicht ändern würde. Er würde sich nicht mit ihr auseinandersetzen und im Haus mehr Verantwortung übernehmen. Dem Mann wurde klar, daß er an dieser Familie überhaupt nicht interessiert war. Er hatte viel mehr Interesse an Fernsehen, Musik und am Alleinsein. Im Verlauf des therapeutischen Gesprächs erkannten sie, daß es keinen Grund gab, zusammen zu bleiben.

Die Frau ergriff die Initiative und bat ihn, auszuziehen, und die Gewalt hörte auf. Sie war so sehr von ihm enttäuscht, daß sie ihn angegriffen, auf ihn eingeschlagen und ihn verprügelt hatte. Er rief dann die Polizei. Die Therapie half beiden zu erkennen, daß das, was sie zusammen machten, nicht nützlich war. Es befriedigte Ihre Bedürfnisse nicht.

Inwiefern steht dieses Beispiel für eine respektlose Position? Der Therapeut ging bei dieser Familie von der Hypothese aus, daß Gewalt immer mit Leidenschaft verbunden ist; Gewalt als ein Zeichen von Leidenschaft. Monatelang versuchte der Therapeut, die Leidenschaft hervorzurufen, die Bindung, aber es half einfach nichts. Das Paar wiederholte sich nur. Nichts veränderte sich. Dann wachte der Therapeut eines morgens auf und beschloß, sich gegenüber seiner Hypothese illoyal zu verhalten. Er müßte sich einer anderen Hypothese zuwenden, weil sich das Paar ganz einfach nicht mochte. Der Therapeut mußte sich schließlich sagen: „Mensch, hier gibt es ja keine Leidenschaft!“ Bei den anderen Paaren, mit denen er arbeitete, war die Leidenschaft, die sie verband, klar, hier aber ergab dies keinen Sinn.

Für uns war der interessante Aspekt dieses Falles die Überzeugung des Therapeuten, daß im Falle von Gewalt immer Leidenschaft im Spiele sei. In der Therapie wurde so viel über Leidenschaft geredet, daß das Paar erkannte, daß zwischen ihnen keine Leidenschaft mehr vorhanden war. Die Suche nach Leidenschaft war hilfreich. Dann mußte der Therapeut jedoch aufwachen und sich sagen: „Ich muß meiner Überzeugung, daß diese Paare immer sehr leidenschaftlich sind, untreu werden.“ Er war dann frei, sich selbst die Frage zu stellen, ob es eine andere Möglichkeit gab. Als er endlich aufgewacht war, entdeckte der Therapeut interessanterweise während der nächsten Sitzung, daß die beiden Ehegatten ähnliche Ideen hatten. Sie fingen an, sich in der Therapie über Fragen zu unterhalten wie: „Warum hörst Du nicht einfach damit auf? Warum ziehst Du nicht einfach aus?" Hat der Therapeut nahegelegt, daß es keine Leidenschaft mehr gab, oder die Klienten? Wer weiß.

Die Klienten hatten es schließlich so sehr satt, in die Therapie zu kommen und zu versuchen, herauszufinden, wie sie ihre Leidenschaft für Gewalt in eine Leidenschaft für mehr Zuneigung und Liebe verwandeln könnten, daß sie beschlossen, daß sie eigentlich gar nicht zusammenbleiben wollten. Aber sie konnten dies erst dann tun, als der Therapeut sich bewußt geworden war, daß seine Leidenschaft für diese Theorie der Leidenschaft nicht mehr nützlich war. Seine Respektlosigkeit der eigenen Idee gegenüber half dem Paar, sich für die Trennung zu entschließen.

Wie ist es dem Therapeuten gelungen, eine Theorie aufzugeben, die sich bei so vielen Paaren mit Gewaltproblemen als nützlich erwiesen hatte? Seine Erwartungen wurden völlig enttäuscht, und er sagte sich: „Ich verstehe nicht, weshalb sie zusammenbleiben. Ich kann keinen Bezug herstellen, kann die Leidenschaft nicht finden. Alles was ich finde, ist Frustration und Haß." Die Respektlosigkeit des Therapeuten gegenüber seiner eigenen Konzeptualisierung der Situation als einer leidenschaftlichen wurde zum gesunden Moment der Therapie. Seine Fähigkeit, die eigene Betrachtungsweise der Situation in Frage zu stellen, half ihnen, den Veränderungsschritt zu machen.

Die festgefahrene Therapie kam in dem Moment wieder in Gang, als der Therapeut an seiner eigenen Theorie zu zweifeln begann. Ist man in der Lage, die eigene Theorie anzuzweifeln, erhält der Klient die Erlaubnis, einen Veränderungsschritt zu machen.

Um es zu wiederholen: Einen Schlüssel, der Zugang zur Respektlosigkeit verschafft, erhält der Therapeut dadurch, daß er den Mut aufbringt, die Ursache seiner Frustration zu erkennen und die notwendigen Schritte zu unternehmen. Er muß seine eigene Theorie über die Situation hinterfragen, anstatt sich selbst zu schützen. Darin besteht die Kunst der Respektlosigkeit. Man könnte sagen, daß es ein Symptom oder ein Zeichen dafür ist, wenn der Therapeut anfängt, sich frustriert zu fühlen, daß er seiner eigenen Geschichte vielleicht zu viel Respekt zollt. Was auch bedeutet: Hab' keine Angst, respektlos zu sein. Vielleicht heißt respektlos zu sein, den Mut zu haben, *nicht* für eine Idee zu kämpfen, die dem vorliegenden Kontext nicht mehr länger nützlich oder gemäß ist. Das ist etwas, was Sie sowohl für ihre eigene geistige Gesundheit tun können als auch für den Klienten.

Der „Nowhere Man"

Ein Kollege kam zu einer Konsultation mit einer Geschichte über einen Patienten, die ihn völlig außer Fassung gebracht hatte. Er hatte mit einem 40jährigen chronischen Patienten gearbeitet, der psychiatrische und soziale Dienste ausgiebig in Anspruch genommen hatte (z.B. ging er zur Ambulanz, um sich Medikamente verschreiben zu lassen) und ansonsten ein isoliertes Leben führte. Der Patient faszinierte den Therapeuten, und er versuchte ihm zu helfen, ein geselligerer Mensch zu werden. Er stellte für den Patienten einen Behandlungsplan auf. Auf eine sehr feinfühlige Art und Weise organisierte er für den Patienten Gruppeninteraktionen, half ihm, in eine Wohngemeinschaft für psychisch kranke Patienten aufgenommen zu werden, wo er zusammen mit anderen Menschen die grundlegenden Fertigkeiten des Lebens, wie zum Beispiel kochen, etc. lernen konnte.

Anfangs hatte der Patient mit diesen Veränderungen zu kämpfen. Es war ihm aber sehr daran gelegen, dem Therapeuten zu gefallen und ihn zufriedenzustellen, und so befolgte er das Behandlungsprogramm. Dem Therapeuten kam es so vor, als ob es dem Patienten besser ging. Dieser knüpfte allmählich mehr soziale Kontakte mit anderen Mitbewohnern, beteiligte sich verstärkt an Gruppenaktivitäten und stand sogar kurz davor, eine Arbeit anzunehmen. In dem Augenblick, in dem es den Anschein hatte, als ob der Patient merkliche Fortschritte mache, erfuhr der Therapeut, daß er sich während eines Besuchs bei seiner Familie in einer weit entfernten Stadt erhängt hatte. Der Therapeut war schockiert. Er konnte nicht verstehen, was passiert war.

In der Gruppendiskussion während der Supervision tauchte eine Hypothese auf, die postulierte: „Ist es möglich, daß der Patient, als er damit konfrontiert war, eine Arbeit zu finden und intensivere Beziehungen mit anderen Menschen einzugehen, in eine Selbstwertkrise geriet, weil ihm klar wurde, daß er unfähig war, echte Beziehungen mit anderen Menschen zu knüpfen?" Hatten die Bemühungen des Therapeuten, ihm zu helfen, die gegenteilige Wirkung, ihn in den Selbstmord zu treiben?

Unserer Ansicht nach war der Patient nicht in der Lage, gegenüber den Bemühungen des Therapeuten, ihm zu helfen, respektlos zu sein, und der Therapeut war nicht in der Lage, gegenüber der Theorie, daß gesellige menschliche Wesen gesünder sind, illoyal zu sein. Es ist auch möglich, daß der Patient nicht in der Lage war, gegenüber dem Bedürfnis seiner Familie, daß er Probleme haben müsse, respektlos zu sein. Vielleicht hat er es vorgezogen, sich umzubringen und durch den Tod als erfolglos zu gelten, anstatt eine Verbesserung zu riskieren. Der Therapeut war jedoch ein traditionell ausgebildeter Psychiater, zu dessen Ausbildung es nicht gehörte, die Familiensituation in Betracht zu ziehen.

Der Therapeut, der zum Vater wurde

Ein anderer Fall hatte mit mehreren Selbstmordversuchen der 18jährigen Tochter und später ihrer Mutter zu tun. Die Therapie schien einen guten Verlauf zu nehmen, als der Therapeut bemerkte, daß er die Familie schon über sechs Monate lang behandelte – was für dieses Setting einen ungewöhnlich langen

Zeitraum darstellt. Dem Therapeuten dämmerte schließlich, daß die Therapie festgefahren war, weil er ständig versuchte, das mit Ehemann und Ehefrau zu tun, was sie als Eltern mit ihrer Tochter versuchten. Der Therapeut versuchte sie dazu zu bringen, sich in ihrem gegenseitigen Verhalten zu ändern. In gewissem Sinn versuchte er, sie zu zwingen, sich zu ändern, und dadurch provozierte er sie, genau das Verhalten anzunehmen, das er bei ihnen ändern wollte. Es war die Haltung des Therapeuten, der wie ein Süchtiger an seiner Idee hing, wie sich das Paar verhalten sollte, und seine sich daraus ergebende sture Forderung, daß sie sich seinem Standpunkt anzupassen hätten, und nicht die der Familie, die für die festgefahrene Lage verantwortlich war.

Nachdem er schließlich erkannt hatte, daß sein Vorgehen eine Parallele zu dem war, was die Eltern mit ihrer Tochter machten, hielt er inne und änderte seinen konzeptionellen Bezugsrahmen und sein Verhalten gegenüber der Familie. Die Spannung zwischen Mann und Frau ließ sofort nach. Der Vater war in der Lage, seine Forderungen an die Tochter, nach seinem Plan aufzuwachsen, zu lockern. Die Mutter und der Vater handelten ihre Beziehung neu aus, indem sie anfingen, ihr Leben aufeinander abzustimmen, nachdem die Kinder ausgezogen waren. Erst als der Therapeut seine eigenen Überzeugungen in bezug auf das, was der Familie fehlt, in Frage stellen konnte, nachdem er sich ihr gegenüber anders verhielt, ging es mit der Familie aufwärts.

Was ist an diesem Fall „respektlos"? Die Respektlosigkeit bestand in der Erkenntnis des Therapeuten, daß seine Konzeptualisierung und sein Versuch, den Erziehungsstil der Eltern zu kontrollieren, dem ähnlich war, wie der Vater versuchte, Tochter und Mutter zu kontrollieren. Es war für ihn wie ein Schlag ins Gesicht. Die Therapie machte erst dann Fortschritte, als der Therapeut gegenüber seiner eigenen Hypothese respektlos geworden war.

Bestrafung als Behandlung

In einer Konsultation beschrieb eine Therapeutin einen Fall aus einer von ihr geleiteten Gruppe sexueller Delinquenten. Die Gruppe bestand aus Männern, die Kinder sexuell mißbraucht hatten. Viele dieser Männer hatten für dieses Verbrechen im Gefängnis gesessen. Einigen Männern hatte man die Gelegenheit gegeben, an der Gruppe teilzunehmen, um längere Gefängnisstrafen zu vermeiden. Für andere Gruppenmitglieder war die Teilnahme an der Gruppe eine Auflage der Bewährung. Diese spezifische Gruppe bestand seit einigen Jahren.

Das Dilemma, das die Therapeutin in der Konsultationsgruppe vorbrachte, bestand darin, daß ein Mann, der seit einiger Zeit ein zuverlässiges Mitglied der Gruppe gewesen war und von dem sie glaubte, er habe mit jeder Art von sexuellem Mißbrauch aufgehört, verhaftet und angeklagt wurde, seine dreieinhalbjährige Enkelin belästigt zu haben. Die Therapeutin war schockiert und verärgert, daß es wieder zum sexuellen Mißbrauch gekommen war, und schien dies als persönliche Beleidigung aufzufassen. Sie erzählte, daß sie im Verlauf der Behandlung die Gewißheit gewonnen hätte, daß der Mann Fortschritte gemacht habe, und sie konnte nicht verstehen, weshalb er in dieses Verhalten zurückgefallen sei. Sie war wütend auf ihn und meinte, er verdiene es, für sein Verbrechen bestraft zu werden. Sie bemerkte auch, daß diese Enthüllung die anderen Männer der Gruppe sehr beunruhigte, da die Mitglieder sehr große Schwierigkeiten hatten zuzugeben, daß sie Kinder sexuell begehrten.

Die Therapeutin berichtete, daß ihr ursprünglicher Vertrag mit den Gruppenmitgliedern besagte, daß sie im Falle von zukünftigen Belästigungen von Kindern aus der Gruppe ausgeschlossen würden. Allerdings bestritt der Mann die Tat, obwohl seine Schwiegertochter (die Mutter des Kindes) das Kind zur Polizei gebracht hatte, wo man die Geschichte protokolliert hatte.

Von einer Familienperspektive aus betrachtet hatte die Schwiegertochter den Mann auch beschuldigt, sie vor einigen

Jahren vergewaltigt zu haben. Er hatte auch diese Beschuldigung bestritten, und daraufhin hatte die Polizei damals nichts unternommen. Interessanterweise hatte die Schwiegertochter das dreieinhalbjährige Kind zu den Großeltern geschickt, damit es dort die Nacht über bliebe. Das Kind hatte mit beiden Großeltern im Bett geschlafen und sei während dieser Zeit angeblich vom Großvater belästigt worden.

Für die Konsultationsgruppe war es denkbar, daß die Schwiegertochter ihre Tochter vielleicht deshalb über Nacht zu ihren Großeltern geschickt hatte, um ihrem Schwiegervater aus Rache, daß er sie in der Vergangenheit vergewaltigt hatte, die Schuld in die Schuhe schieben zu können. Wie oben ausgeführt, bestritt er alle Beschuldigungen.

Die Therapeutin wußte nicht, wie sie diese Information in der Gruppe sexueller Delinquenten verwenden sollte. Ein Vorschlag lautete, sie solle dem Mann vor der Gruppe sagen, er habe sie im Laufe der vergangenen anderthalb Jahre überzeugt, daß sie seine pädophilen Neigungen geheilt hätte. Eine andere Idee bezog sich auf die Tatsache, daß die Männer in der Gruppe sexueller Delinquenten immer abstritten, daß sie diese pädophilen Gefühle hätten. Dieser Mann hatte angeblich einem Gefühl nachgegeben, für das er eine lange Zeit ins Gefängnis kommen könnte. Er hatte es sich unvorsichtigerweise erlaubt, mit seiner Enkelin zu schlafen. Wir empfahlen der Therapeutin, der Gruppe zu sagen, daß sexuelle Triebe außerordentlich stark seien. Man kann sich in der trügerischen Sicherheit wiegen, zu meinen, man habe dieses Verhalten unter Kontrolle, und dann findet eine Tragödie wie diese statt. Unglücklicherweise muß man die Folgen dieser Beschuldigung tragen, jedoch ist es für die Gruppe eine Hilfe, an die Gefahren erinnert zu werden, denen alle sich aussetzen, wenn sie sich in eine angreifbare Lage bringen.

In der Konsultationsgruppe wurde die Frage erörtert, ob der Ausschluß des Mannes der Gruppe als Ganzes dienlich sei. Würde ihm erlaubt zu bleiben, würde das den Vertrag und die von der Gruppe geteilte Prämisse zerstören, daß nur der Mitglied sein kann, der keine Kinder mehr sexuell mißbraucht. Die von der Konsultationsgruppe vorgeschlagene Lösung sah vor, den Mann für die Zeit der Untersuchung und des möglichen Verfahrens vorübergehend von der Gruppe zu suspendieren. Bei erwiesener Unschuld könne er zurückkehren.

Dem Berater kam es so vor, als ob die Therapeutin im Laufe der Zeit tatsächlich begonnen hatte, an die Macht des Gruppenprozesses, pädophile Verhaltensweisen kurieren zu können, zu glauben. Diese Erfahrung stellte die Gewißheit der Therapeutin über den heilenden Wert des Gruppenprozesses in Frage. Später erklärte die Therapeutin, daß sie sich von einer Verantwortungslast befreit fühle, die sie getragen habe, um zukünftiges sexuelles Fehlverhalten der Gruppenmitglieder zu verhindern. Die Therapeutin schaffte es, flexibler zu sein, konnte eine relevantere therapeutische Beziehung zu den Gruppenmitgliedern entwickeln, indem sie ein offeneres Gespräch über genau die verbotenen Themen, deretwegen die Mitglieder überhaupt da waren, initiierte. Sie hatte das Gefühl, daß sie diese Fähigkeit nutzen könnte, um Zweifel über die Macht des Gruppenprozesses, das Verlangen nach sexuellen Beziehungen mit Kindern zu heilen, vor der Gruppe zuzugeben. Die Gruppenmitglieder könnten sich jedoch gegenseitig unterstützen und einen Kontext zur Verfügung stellen, in dem sie dieses verbotene Begehren diskutieren und auch ihre Ängste und Sorgen ausdrücken könnten.

Mit der Idee der Respektlosigkeit betonen wir die Wichtigkeit der therapeutischen Verantwortung. Welche Art von Geschichte ziehen Sie als Therapeut vor? Wenn Sie eine Geschichte bevorzugen, sind Sie dann in der Lage, bei aufkommenden Problemen ihren eigenen Geschichten untreu zu werden, wenn sie nicht mehr nützlich sind? Können Sie es wagen, respektlos zu sein gegenüber dem, von dem sie „wissen", daß es „die" korrekte Denkweise ist, wenn sie nicht mehr brauchbar ist? Jede Geschichte – jede Art, über eine gegebene Situation nachzudenken – kann bei zu großer Loyalität zu Problemen führen. Dies ist ein wesentlicher Aspekt des letzten Beispiels.

Ein Mitsommernachtstraum

Ein anderes Beispiel der Arbeit mit Gewalt betrifft ein Paar. Der Mann war sehr gewalttätig und hatte seine Frau sehr häufig brutal geschlagen. Ihre zwei Töchter im Teenageralter aus einer früheren Ehe konnten den Mann nicht tolerieren und weigerten sich, ihn als Teil ihrer Familie zu akzeptieren. Sie beklagten sich bei der Mutter: „Weshalb behälst Du ihn?" Gleichzeitig verhielten sie sich so ungezogen, daß die Schule eine Therapie empfahl.

Eine wichtige Frage, die zu Beginn der Therapie aufkam, bestand darin, daß die Mutter darauf bestand, daß sich ihr Freund gegenüber ihren Töchtern wie ein Vater zu verhalten habe. Die Töchter jedoch sahen in ihm nur den miesen Typ ihrer Mutter. Jeder Versuch des Mannes, sich ihnen gegenüber als Vater zu verhalten, brachte die Mädchen auf die Palme. Sie wollten nicht zur Therapie kommen. Dagegen wollte die Mutter die Therapie in der Hoffnung, daß sie ihren Töchtern helfen würde, ihren Mann als Vater zu akzeptieren, und daß diese Akzeptanz dann dazu führen würde, daß er sie weniger prügelte.

Nach der zweiten Sitzung hatten die Töchter die Nase voll und brachen die Therapie ab. Wir stellten die Hypothese auf, daß, da der Mann gerne zur Therapie kam und sein Verhalten sich seit Beginn der Therapie leicht verbessert hatte, für die Töchter die Gefahr bestand, daß er für ihre Mutter akzeptabler wurde und sie folglich weniger geneigt sein könnte, ihn hinauszuwerfen. Die Therapie wurde mit dem Paar alleine fortgesetzt. Der Mann beschrieb, wie wütend ihn seine Freundin wegen ihrer Kälte und Distanz die meiste Zeit machte. Er sagte, er wolle sie nicht verprügeln, sie provoziere ihn jedoch mit ihrer Reserviertheit. Beim Gespräch über seine Herkunftsfamilie kam eine komplexe Geschichte an den Tag, die sich auf seine psychotische Schwester bezog, die immer noch mit ihrem gewalttätigen Vater zusammenwohnte. Er beschrieb seinen Vater als einen brillanten Mann, der seine Familie mit eiserner Faust kontrollierte.

Der Mann war der Ansicht, daß ihn seine Familie nicht verstand, und war darüber sehr wütend. Er sah sich selbst in einer Position der Schwäche, was ärgerliche Ausbrüche hervorrief. Wenn er sich erklären wollte, hatte er das Gefühl, daß niemand zuhörte. In dieser neuen Beziehung sah er sich selbst in einer Rolle, die derjenigen in seiner Herkunftsfamilie ähnelte, als ihn niemand ernst genommen hatte.

Nach einigen Therapiegesprächen schien eine Frage eine Wirkung auf ihn gehabt zu haben. Und zwar als der Therapeut fragte: „Weshalb nehmen Sie sie so ernst? Bei allem was sie tut, glauben Sie, sie würde an Sie denken. Sie meinen, daß alles, was sie tut, eine Botschaft an Sie ist. Weshalb haben Sie diese verrückte Idee? Vielleicht denkt sie an etwas ganz anderes, ihre Mutter, ihre Schwester, ihre Tochter. Sie kann nicht die ganze Zeit nur an Sie denken. Sie sagen, Sie wären nicht wichtig. Weshalb sollte sie dann ständig an Sie denken?"

Der Mann meinte in der nächsten Sitzung, dieser Gedanke hätte eine starke Wirkung auf ihn und er fühle sich nicht mehr so wütend. Daß er seine Frau als jemand ansehen konnte, die ihm nicht ständig irgendwelche Botschaften übermittelt, war für ihn eine große Erleichterung. Er berichtete auch von einigen Verbesserungen in seiner Beziehung zu seiner Herkunftsfamilie. Die Frau blieb während des Gesprächs meist still.

In der nächsten Sitzung begann die Frau das Gespräch in einem sehr entschiedenen Ton und sagte zum Therapeuten, bevor er Gelegenheit hatte, etwas zu sagen: „Erst verprügelt mich dieser Mann ständig, und ich mußte das einstecken. Ich konnte da nicht raus, weil es wie eine Sucht war. Ich wollte da raus, aber konnte nicht. Dann kam ich zur Therapie, und die Therapie war gut für ihn, stimmt's? Und ich muß hierherkommen und muß mir während den Sitzungen all die Beleidigungen anhören. Ich muß hier sitzen und muß mir diesen Gesprächsscheiß anhören, nur damit er sich gut fühlt. Erst wurde ich mißbraucht, weil er all die Probleme, die er mit seiner Mutter und seinem Vater hat, ausleben muß, indem er mich verprügelt. Dann benutzt er mich, um eine Therapie zu kriegen, damit er sich besser fühlt. Er hat eine Therapie gebraucht, damit er sich besser fühlt, und jetzt geht es ihm gut, aber was ist mit mir? Was hab' ich von dem Ganzen?"

Naiverweise antwortete der Therapeut, daß ihr Freund aufgehört habe, sie zu schlagen. Darauf meinte sie: „Ich glaube nicht an diese systemische Therapie, in der Paare gemeinsam verantwortlich gemacht werden für die Gewalt eines Partners – Er trägt die Verantwortung! Er allein ist verantwortlich! Sie sollten ihn bestrafen, nicht mich! Ich habe eine Stinkwut, daß ich mich zu einer Therapie entschlossen habe und er derjenige ist, dem es besser geht. Man bestraft mich, wo doch er hätte bestraft werden sollen, daß er mich geschlagen hat! Ich bin sauer! Ich bin sauer auf Sie!"

Die Wut der Frau und ihre Forderung nach Bestrafung ihres Freundes überraschten den Therapeuten und brachten ihn aus der Fassung. Der Therapeut sagte: „Ich muß darüber nachdenken. Was Sie sagen, ist für mich ein Schock." Er verließ das Zimmer, um sich mit dem Team zu besprechen. Das Team war der Ansicht, daß sie die anfängliche Bitte der Frau in der Therapie mißverstanden hätten und daß die Hypothese, das Verprügeln sei Teil einer Kommunikation, nicht paßte.

Der Therapeut kehrte zu dem Paar zurück, ohne daß er wußte, was er genau tun sollte. Die Frau setzte ihre Beschwerde fort: „Wir sind immer noch zusammen, aber ich fühle mich kaputt. Und jetzt, da die Gewalt aufgehört hat, finde ich ihn langweilig und oberflächlich, und trotzdem fühle ich mich gezwungen, mit diesem gottverdammten Schwein, diesem Bastard, zusammenzubleiben. Ich will, daß man ihn bestraft. Sie haben ihm geholfen, daß er sich besser fühlt, ohne ihn zu bestrafen. Ich habe eine Stinkwut. Zwei Männer schließen sich hier zusammen, ihm geht es besser, und er wird nicht einmal bestraft. Er kommt ungestraft davon. Und was machen Sie jetzt? Mir gefällt das nicht!"

Der Therapeut beendete die Sitzung mit diesen Worten: „Schauen Sie, Sie haben vollkommen recht. Ich brauche Zeit, um nachzudenken, denn ich habe diese Orientierung in meinem Kopf, die besagt, daß es besser ist, nicht zu schlagen als zu schlagen, und daß eine Bestrafung zu nichts führt. Jetzt sagen Sie mir, daß ungestraft davonzukommen, keine Lösung ist. Ich weiß nicht, was ich tun soll. Ich sollte etwas tun, aber ich brauche Zeit, um darüber nachzudenken. Wir diskutieren in der nächsten Sitzung weiter darüber."

In der nächsten Sitzung unterhielten wir uns über Bestrafung. „Welche Art von Bestrafung sollten wir ihm Ihrer Meinung nach geben? Wie lange sollte die Bestrafung dauern? Wochen? Monate? Jahre? Lebenslänglich? Es sieht so aus, als ob Ihre Töchter ihn mit ihrer schlechten Behandlung gehörig bestraften."

An dieser Stelle der Therapie hatte der Therapeut das Gespräch vom Inhalt (der Bestrafung) auf den Prozeß (die Notwendigkeit der Bestrafung, um die Beziehung zu erhalten) gebracht. In seinem Herzen veränderte er seine Position allerdings nicht. Er war weiterhin der Ansicht, daß gegenseitige Kooperation und Freundlichkeit die bessere Lösung sei.

Der Therapeut beendete die Sitzung mit den Worten: „Wegen einer Krankheit werde ich sie sechs Monate lang nicht sehen können. Meine Krankheit besteht darin, daß ich der Meinung bin, Kooperation sei besser als Streiten, das ist mein Vorurteil. Deshalb sollten wir uns eine Weile nicht sehen. Sie machen weiter und behandeln ihn schlecht. Für mich bedeutet allein schon die Tatsache, daß es keine physische Gewalt gibt, einen Fortschritt. Sie haben mir aber demonstriert, daß es die Rache ist, die wichtig ist im Leben. Ich brauche Zeit, um mich von meinem Vorurteil zu heilen."

Sechs Monate später kamen die Klienten wieder in die Therapie und sahen viel besser aus. Die Frau war ein wenig ärgerlich und redete während der Sitzung sehr viel. Sie fing damit an: „Mir geht es gut, denn ich habe meinen Freund gebeten auszuziehen." (Seit er ausgezogen war, hatten sie sich zwei bis drei Mal pro Woche besucht.) Er saß still da und war sehr höflich. Sie erzählten dann von einem Besuch bei ihren Verwandten in einem kleinen Dorf in Italien. Sie erzählten unzählige Geschichten von Onkeln und Tanten, die übermäßig viel Zeit damit verbrachten, verwickelte Komplotte zu schmieden, um neue und alte Beleidigungen und Missetaten zu rächen.

Dies war für den Therapeuten eine Erleuchtung. Es wurde ihm klar, daß er das gesellschaftliche Umfeld außer acht gelassen hatte. Er erkannte, daß es ihm sein Vorurteil verwehrt hatte zu sehen, daß Rache und ein nachtragendes Wesen in manchen Gesellschaften wichtige Bestandteile sind. Der Therapeut entdeckte, daß er nicht die Sprache dieser Kultur sprach. Der Therapeut war Teil einer therapeutischen Kultur, die Kooperation höher einschätzte als Streit. Er erzählte dem Paar von dieser Entdeckung, indem er diese neue Erkenntnis mit vielen Emotionen beschrieb. Dabei sprach er für mehr als zehn Minuten ohne Unterbrechung. Schließlich gab sich das Paar geschlagen und begann angesichts der Absurdität der unzusammenhängenden Äußerungen des Therapeuten zu lachen: „O.K., O.K.," sagten sie, „lassen wir das heute erst einmal", und sie baten um Erlaubnis, früher gehen zu dürfen. Beim Gehen sagte die Frau spielerisch: „Wir rufen Sie in ein paar Monaten an, um zu sehen wie es Ihnen geht."

Sechs Monate später rief das Paar an und bat um eine weitere Sitzung. Sie machten einen gesunden und gepflegten Eindruck. Er hatte etwas abgenommen, und sie schien im vierten oder fünften Monat schwanger zu sein. Sie sahen aus wie ein Paar, das aus einem langen Mitsommernachtstraum erwacht war. Sie sagten, sie seien wieder zusammengezogen, und daß sich ihre Töchter entschlossen hätten, bei ihnen zu bleiben, und sie sich auf die Geburt des Babies freuten. Die meisten Verwandten beider Seiten waren mit der Verbindung und der Schwangerschaft zufrieden. Der Therapeut wagte es nicht, sie um eine Erklärung der offensichtlichen Verwandlung in ihrer Beziehung zu bitten.

Wir sind wie Paglia der Meinung, daß es wichtig ist, gegenüber dem Mysterium in der Bindung von Mann und Frau Respekt zu zeigen.

3. Respektlosigkeit in Institutionen: Es geht ums Überleben

„Sie bilden eine Gefahr. Deswegen beseitigen wir Sie. Verstehen Sie, ich habe nichts gegen Sie als Menschen."

Graham Greene, Die Macht und die Herrlichkeit

Psychiatrische Krankenhäuser, die auf mannigfache Art und Weise zu helfen versuchen, können es häufig trotz aller Bemühungen der dort arbeitenden Therapeuten nicht vermeiden, zu Instrumenten sozialer Kontrolle zu werden. Indem der Therapeut Respektlosigkeit in das psychiatrische Krankenhaus einführt, trägt er vielleicht dazu bei, daß in einem Kontext, der gelegentlich soziale Kontrolle erfordert, ein bestimmtes Maß an Flexibilität aufrechterhalten wird. In einem institutionellen Rahmen wird vom Therapeuten verlangt, vielen widersprüchlichen Botschaften gerecht zu werden: solchen von den Klienten, der Verwaltung, dem sozio-politischen und kulturellen Umfeld, der Justiz, und so weiter. Er kann nicht alle befolgen. Will er alle befolgen, läuft er Gefahr, seine Effektivität und vielleicht seine „geistige Gesundheit" zu verlieren.

Der respektlose Therapeut unterscheidet sich von einem Revolutionär, da es ihm nicht darum geht, Unterdrückung zu überwinden. Das System, mit dem er zu tun hat, ist doppelbindend, nicht repressiv. Die Mehrheit der psychiatrischen Krankenhäuser, auch die Mehrheit anderer Institutionen wie Kirche, Sozialamt, Schule und so weiter unterstützen im allgemeinen Stabilität und fördern die vorherrschenden kulturellen Werte. Anklagen sind also nutzlos. Man bittet normalerweise die Institution nicht, sich zu ändern, sondern versucht eher, innerhalb des Systems zu überleben. Nicht indem er gehorcht, sondern indem er seine Kreativität und Flexibilität einsetzt, um ein Bedeutungssystem zu konstruieren, mit dem es sich gut arbeiten läßt, nutzt der Therapeut die Position der Respektlosigkeit, um den Institutionen zu helfen, flexibler und weniger unterdrückend zu sein oder sogar sich selbst aufzulösen. Man könnte zum Beispiel sagen, daß die Respektlosigkeit der Menschen und Führer der ehemaligen Sowjetunion eine Supermacht abschaffte.

Je länger man als Therapeut überlebt, um so eher kann man seinen Klienten helfen, für sich selber Lösungen zu finden. Die Respektlosigkeit des Therapeuten überträgt sich auf den Klienten. Der respektlose Therapeut zweifelt daran, daß eine Theorie oder ein Modell in der Lage ist oder jemals sein wird, das „wahre" Wesen menschlichen Verhaltens einzufangen. Er behält sich vor, so flexibel zu sein, daß er die Beschränkungen, die seinen Beschreibungen von Institutionen, Klienten und insbesondere von seinen eigenen Vorlieben aufgezwungen werden, in Frage stellt.

Man muß sich darüber im klaren sein, daß es Fälle gibt, in denen man dem Klienten in einer Institution nicht helfen kann, weil das die Stabilität der Institution gefährden würde. Es gibt auch Fälle, wo Klienten sich eine Karriere als Geisteskranke ausgesucht haben, beziehungsweise von der Familie oder der Gemeinschaft, in der sie leben, dazu auserkoren wurden. Diese „professionellen" Patienten weigern sich, sich zu ändern, oder sind in einer Lage, die es ihnen unmöglich macht, sich zu ändern und die Institution zu verlassen.

Manchmal muß man aufgeben, weil man in einem Loyalitätskonflikt zwischen Institution und Klienten gefangen ist. Die Lösung ist aufgeben, um zu überleben. Man kann sich natürlich entscheiden, sein Überleben aufs Spiel zu setzen, zum Beispiel seine Stelle zu verlieren. Manchmal kann das die einzige ethische Alternative sein. Doch in erster Linie geht es für den Therapeuten darum zu überleben, wenn er überhaupt jemandem helfen will.

Wir können uns alle an einen Fall erinnern, bei dem wir wissen, wir hätten mehr tun können. Wir haben es aber nicht getan, weil wir die richtige Ebene der Respektlosigkeit, die uns gestattet hätte zu handeln und zu überleben, nicht gefunden haben. Wenn es beispielsweise in einem Flugzeug keinen Sauerstoff gibt, muß man zuerst seine eigene Maske aufsetzen und sich dann um sein Kind kümmern. Das heißt, man muß zuerst selbst überleben, bevor man sein Kind retten kann. In Institutionen haben es Therapeuten mit prekären Situationen zu tun. Die Überzeugung, wir könnten jedem helfen, ist romantisch und naiv.

Wir mögen es als Therapeuten jedoch nicht, wenn wir in eine Position der Impotenz geraten. Wir suchen immer nach Gelegenheiten, uns sowohl der Institution als auch dem Klienten gegenüber loyal zu verhalten. Hier kann die Position der Respektlosigkeit sehr nützlich sein. Die Respektlosigkeit wird zu einer gesunden Alternative. Genau das müssen Kinder machen, wenn die Mutter von ihnen etwas verlangt und der Vater etwas anderes. Wenn es dem Kind gelingt, beiden Eltern gegenüber ein wenig respektlos zu sein, kann es seine Position als Kind behalten und ist frei.

Wie kann man in Institutionen flexibel bleiben? Eine Möglichkeit wäre, mit Kollegen und Klienten einen offenen Dialog aufrechtzuerhalten, der darauf abzielt, die jeweiligen Ansichten zu verstehen und zu respektieren. Man muß natürlich begreifen, daß die Gefahren immer dieselben sind: die Gefahr des übertriebenen Gehorsams gegenüber einer Seite zum Nachteil der anderen; oder die Gefahr, übertrieben respektlos zu werden, so daß man sowohl vom Klienten als auch von der Institution für verrückt gehalten wird. Diese Situation erinnert uns an den Lehrer in dem Film *Der Klub der toten Dichter*, der bei dem Versuch, den Erfahrungsschatz seiner Studenten zu bereichern, von seinen Vorgesetzten und von seinen Studenten zum Sündenbock gemacht wird.

Sind Sie der Institution total hörig, laufen Sie Gefahr, zu einem bürokratischen Roboter zu werden. Sind Sie dagegen voll und ganz für den Klienten engagiert und ihm hörig, hält Sie die Institution womöglich für einen Revolutionär. Im folgenden Fall mußte der Therapeut einen Balanceakt ausführen, bei dem er dem Klienten half, ohne die Institution zu beleidigen. Er beschloß, das Risiko einzugehen. Er konstruierte eine Intervention, die für ein ambulantes familientherapeutisches Setting akzeptabel, aber für ein institutionelles Setting schwierig zu sein schien.

Der Junge, der Kot aß

Ein vierzehnjähriger Junge mit einem IQ von 60 wurde wegen zahlreicher Straftaten, wie zum Beispiel Diebstahl, Handel und Konsum von Drogen und homosexueller Prostitution, in einer Jugendstrafanstalt eingesperrt. Nach einem schwierigen Anpassungsprozeß an die Regeln der Institution fing der Junge an, sich am ganzen Körper mit den eigenen Exkrementen zu beschmieren. Er schmierte sich den Kot ins Haar und formte ihn zu kleinen Bällen, die er aß. Das Personal versuchte verschiedentlich, ein Konzept zu finden und mit dem Jungen zu arbeiten, erst psychodynamisch orientiert, dann verhaltenstherapeutisch und schließlich orientiert an der Herkunftsfamilie – alles ohne Erfolg.

Das Personal konnte sich nicht entscheiden, ob sein Verhalten eher Ausdruck einer geistigen Behinderung oder eines psychotischen Prozesses war. Da sie nicht wußten, was sie mit ihm anfangen sollten, hatten sie vor, ihn in ein nahegelegenes psychiatrisches Landeskrankenhaus abzuschieben. Die Einzeltherapeutin, eine Schülerin eines der Autoren, die sehr an dem Jungen hing, konnte es nicht ertragen, ihn aufzugeben. Sie überredete die Direktoren, mit dem Autor eine Konsultation durchzuführen. Der Direktor akzeptierte dies als letzten Versuch, die Therapeutin davon zu überzeugen, daß dem Jungen nicht geholfen werden könne.

Der Berater stellte der Therapeutin eine ganz einfache, den Kurztherapeuten des Mental Research Institute entlehnte Frage: „In welchem Kontext würde es einen Sinn machen, daß dieser Junge die eigene Scheiße ißt beziehungsweise sich damit beschmiert?“ Weitere Fragen an die Therapeutin brachten zutage, daß der kleingewachsene Junge von anderen Jungen der Jugendstrafanstalt oral und anal vergewaltigt worden war. Nachdem er angefangen hatte, Kot zu essen und sich damit zu beschmieren, ekelten sich die anderen Jungen und mieden ihn. Sie hielten ihn für verrückt. Das Kotessen schützte ihn davor, vergewaltigt zu werden.

Jetzt stellte sich die Frage, wie man in dieser Situation intervenieren konnte, um dem Jungen zu helfen und ihn vor Notzucht zu schützen, ohne die vom Personal angewandten therapeutischen Modelle und damit das Personal zu entwerten? Die Intervention war zweiseitig. Als erstes sollte die Therapeutin den Jungen beglückwünschen, eine geniale Methode gefunden zu haben, um sich zu schützen, während das der Institution nicht gelungen war. Dann wurde er gebeten, sich weiterhin mit Kot zu beschmieren, diesen aber nicht mehr zu essen, da er Würmer bekommen könne. Innerhalb einer Woche hatte der Junge damit aufgehört, seine Scheiße zu essen. Er war sauber und ordentlich. Die Therapeutin machte sich Sorgen, daß diese Änderungen zu schnell vor sich gingen und die anderen Jungen ihn wieder belästigen würden. Der Junge jedoch sagte, die anderen ließen ihn jetzt in Ruhe, weil alle dachten, er sei verrückt. Mit dem Ruf der Verrücktheit konnte der Junge nun in der Institution überleben.

Was war in diesem Fall „respektlos“? Ein Punkt ist das Timing. Die Direktoren waren nach den vielen fehlgeschlagenen Änderungsversuchen völlig frustriert. Das Personal verwandte zu viel Zeit auf die Behandlung dieses einen Kindes. Sie waren jetzt in der Lage, ihren eigenen Fähigkeiten gegenüber, das heißt der Anwendung der üblichen therapeutischen Verfahren, respektlos zu sein. Zu diesem Zeitpunkt waren sie bereit, auf eine Therapeutin in der Ausbildung zu hören, die einen Vorschlag machte, den ihr Lehrer, der mit einem in der Institution nicht praktizierten Ansatz arbeitete, angeregt hatte. Das Timing war für eine respektlose Intervention, die zu einem anderen Zeitpunkt nie erlaubt worden wäre, genau richtig. Der Berater, der Respektlosigkeit praktizierte, wußte auch, daß er vielleicht nie wieder als Berater in dieses traditionelle Setting eingeladen werden würde, obgleich die Intervention erfolgreich war. Die Respektlosigkeit war ein hervorragendes Schmerzmittel für die Enttäuschung, womöglich eine potentielle Beratungstätigkeit verloren zu haben.

Wie man ohne Mühe ein berühmter, „aber nicht reicher" psychiatrischer Patient wird

Hier beschreiben wir eine ungewöhnliche Situation, die in einem psychiatrischen Krankenhaus in Skandinavien beobachtet wurde. Ein Mann hatte gedroht, sein Haus mitsamt Kindern und Frau in die Luft fliegen zu lassen. Er wurde daraufhin zwangsweise in ein psychiatrisches Landeskrankenhaus eingewiesen.

Ein einflußreicher und angesehener Psychiater, bekannt für seine Forschung über das paranoide Syndrom, übernahm seine Behandlung. Er stellte die seltene Diagnose einer isolierten Paranoia. Der Psychiater entwarf einen Behandlungsplan, der auf dieser Diagnose basierte, und verfaßte etliche Artikel über die Fortschritte des Patienten.

Der Mann war mit dieser Diagnose überhaupt nicht einverstanden und begann langanhaltende Grabenkämpfe mit dem Psychiater, dem Krankenhaus und anderen Fachkräften des Krankenhauses, um sie dazu zu zwingen, das Etikett zu ändern. Je stärker der Mann dagegen ankämpfte, umso überzeugter waren der Psychiater und das Krankenhaus, daß die Diagnose stimmte. Da der Mann sich strikt weigerte, die Diagnose anzuerkennen, weigerte er sich natürlich auch, irgendwelche Medikamente oder stationäre Psychotherapie anzunehmen.

Nach monatelangen erfolglosen Versuchen, ihn für eine Behandlung zu gewinnen, entließ ihn der Psychiater und verschrieb ihm ein ambulantes Nachsorgeprogramm. Da er sich immer noch weigerte, die Diagnose zu akzeptieren, lehnte es der Patient ab, das Krankenhaus zu verlassen, bevor nicht die Diagnose geändert wurde. Er strengte sogar einen Prozeß gegen den Psychiater und das Krankenhaus an. Damit begann eine symmetrische Eskalation, in der der Mann und die Institution in eine hoffnungslose Sackgasse gerieten. Keine der beiden Parteien konnte ihre Position ändern.

Uns scheint, daß der Psychiater und das Krankenhaus einen Fehler nicht eingestehen konnten aus der Befürchtung, Schadensersatz leisten zu müssen, weil sie ihn gegen seinen Willen festgehalten hatten. Der Patient konnte die Diagnose nicht akzeptieren, weil er damit seine legitime Wut gegen seine Familie geleugnet hätte. Der Patient weigerte sich, das Krankenhaus zu verlassen und stellte auf dem Gelände vor der Institution ein Zelt auf. Er kündigte an, erst dann zu gehen, wenn seine Diagnose geändert worden wäre.

Der Fall gewann an trauriger Berühmtheit, als das Krankenhaus im Winter gezwungen wurde, den Patienten aus humanitären Gründen wieder aufzunehmen. Der Patient nahm also ständigen Wohnsitz in der Eingangshalle der Institution, wo er, soweit wir wissen, aus Protest immer noch wohnt.

Obwohl das Krankenhaus den Mann weiterhin dort wohnen läßt und der Mann sich weiterhin weigert, sich mit der Diagnose einverstanden zu erklären, scheint uns der Kampf nachgelassen zu haben. Unserer Meinung nach ist das Krankenhaus seiner eigenen Position gegenüber respektlos geworden, da es nicht mehr darauf besteht, daß der Mann gehen muß, und ihm erlaubt, quasi zu einem Mitglied des Personals zu werden und dort zu wohnen. Der Mann ist dadurch respektlos geworden, daß er seine Wahrnehmung der Institution als Verfolgerin aufgegeben hat und sie als angenehmen Wohnsitz angenommen hat. Wie Batesons Delphine haben sowohl die Institution als auch der Patient es geschafft, einen kreativen Sprung aus ihrem Dilemma zu machen.

Das katatone Mädchen

Einer der Autoren wurde gebeten, im Fall eines katatonen 19jährigen Mädchens in einem psychiatrischen Krankenhaus eine Beratung zu geben. Sie war seit acht Monaten in diesem Krankenhaus für psychiatrische Notfälle, in dem Patienten normalerweise zwischen zwei und vier Wochen aufgenommen werden, um dann entweder für eine langfristige Behandlung an ein anderes Krankenhaus überwiesen oder ambulant versorgt zu werden. In diesem Fall konnte das Krankenhauspersonal sie nicht loswerden, denn jedesmal, wenn sie entlassen werden sollte, geriet sie in eine Krise, wurde kataton, verweigerte das Essen und mußte künstlich ernährt werden.

Die Eltern kamen jeden Tag und baten um eine Lösung der Probleme ihrer Tochter. Der Fall war in der Gemeinde berühmt geworden. Der für diesen Fall verantwortliche Psychiater war Schüler einer der Autoren und lud diesen dazu ein, eine Konsultation durchzuführen. Vater, Mutter, Schwester und Bruder wurden eingeladen, an der Sitzung teilzunehmen. Das Interview fand in einem Zimmer mit Einwegspiegel statt, hinter dem das Krankenhauspersonal zuschaute.

Sonya, die Patientin, wurde von einer Krankenschwester im Rollstuhl hereingefahren. Die Krankenschwester, die das Mädchen ständig versorgte, wurde ebenfalls eingeladen, an der Sitzung teilzunehmen. Das Mädchen hielt die Augen ständig geschlossen und weinte in einem fort. Die Mutter sah traurig aus und hielt die Augen ebenfalls geschlossen. Der Vater schien verzweifelt um Hilfe für seine Tochter bemüht zu sein. Der ältere Bruder und die jüngere Schwester machten einen verängstigten und hilflosen Eindruck.

Der Berater war verwirrt und wußte nicht, was er tun sollte. Die Problemlast des Mädchens wurde nun dem Therapeuten aufgeladen, der sich überwältigt und verzweifelt fühlte. Es hatte den Anschein, als ob alle im Zimmer und hinter dem Spiegel auf ein magisches Ereignis warteten, das die Symptome in Luft auflösen würde. Der Berater beschloß, gegenüber der unmöglichen Forderung nach einem Wunder respektlos zu sein und fing mechanisch an, im Stil der Mailändergruppe Mutter, Vater, Schwester, Bruder und Sonya zu befragen, obwohl sie sich weigerte, zu antworten. Es waren die klassischen Fragen: Wie war die Beziehung zwischen Eltern und Kindern? Wie kam es, daß sich Sonya entschlossen hatte, kataton zu sein? Wer war am meisten bestürzt darüber? Und so weiter.

Allmählich kristallisierte sich eine Geschichte heraus. Als sie jünger war, war Sonya ein paarmal von zu Hause ausgerissen. Im Alter von sechzehn Jahren verschwand sie als Anhängerin einer religiösen Sekte einige Wochen lang. Als sie wieder zurückkam, war sie verändert und machte über das, was sie erlebt hatte, nur sehr geheimnisvolle Andeutungen. Die Eltern hatten den Eindruck, sie sei vergewaltigt worden oder es sei etwas ähnlich Schreckliches geschehen. Kurze Zeit später fingen die Eltern an, sie über ihre Erlebnisse während der Zeit ihres Ausreißens auszufragen. Je mehr sie sie befragten, umso verschlossener und stiller wurde sie, und schließlich wurde sie vollkommen kataton. Der Vater hatte sie sehr gern und betrachtete ihre Schweigsamkeit und Verschlossenheit als persönliche Ablehnung, was ihn immer noch sehr schmerzte.

Während dieser Familienkrise plante der ältere Bruder seine Hochzeit. Die Mutter hatte mit den Hochzeitsvorbereitungen alle Hände voll zu tun. Sie machte deutlich, daß die Hochzeit ihres Sohnes für sie einen großen Verlust bedeutete.

Der Therapeut unterbrach das Interview, um sich mit dem Team zu beraten. Für den Berater bestand das Dilemma darin, wie er diese Informationen in diesem Kontext verwenden könnte. Wir haben es hier im Krankenhaus mit einem sterbenden Mädchen zu tun. Das Team hinter dem Spiegel bestand aus Psychiatern und psychiatrischen Krankenschwestern, die sehr daran zweifelten, daß eine solche Gesprächstherapie einen Wert hatte. Der Berater beschloß, sich dem starken medizinischen Pessimismus hinsichtlich der Prognose der Patientin zu widersetzen und eine klassische mailändische Intervention zu konstruieren, wenn er auch das Gefühl hatte, diese sei in einem solchen Kontext völlig fehl am Platz.

Der Berater kehrte wieder in die Sitzung zurück und lud den verantwortlichen Psychiater ein, ihn zu begleiten. Er sah den Psychiater und die Krankenschwester an und sagte: „Sie haben dieses Mädchen falsch behandelt. Sie ist in diesem Krankenhaus, weil sie mit den ganzen Problemen zu Hause nicht fertig wird. Die Mutter hat damit zu tun, mit dem bevorstehenden Verlust ihres Sohnes durch die Heirat fertig zu werden. Sonya will ihre Mutter in Ruhe diese Trauerarbeit leisten lassen. Die Tatsache, daß sie im Krankenhaus ist, führt dazu, daß sich die Gedanken ihres Vaters auf sie konzentrieren und er von dem Leid der Mutter abgelenkt wird. Es ist ganz klar, daß sich ihr Zustand jedesmal wieder verschlechtern muß, wenn es ihr etwas besser gegangen ist und Sie sie aus dem Krankenhaus entlassen wollen. Können Sie damit aufhören? Können Sie *ihr* die Entscheidung überlassen, wann es Zeit ist zu gehen?"

Nach einer kurzen Pause erklärten sich der Psychiater und die Krankenschwester einverstanden. „Also gut. Wir werden Ihren Vorschlag befolgen." Als der Berater sich gerade von der Familie verabschieden wollte, fragte die Mutter: „Ist das alles, was Sie zu sagen haben?" – „Ja, das ist alles." – „Haben Sie sonst keine Vorschläge zu machen? Ein anderes Krankenhaus? Eine Therapie? Schocktherapie?" Der Berater sagte: „Das ist meine Meinung. Das ist mein Vorschlag als Berater." Die Mutter war außer sich. „Dafür sind wir hierhergekommen? Wir wollen Taten!" Der Berater erwiderte: „Das ist alles, was ich zu sagen habe."

Als der Berater zu der Gruppe hinter dem Spiegel trat, nahmen ihn der Direktor, drei andere Psychiater und einige Schwestern, alle in weiß gekleidet, sehr skeptisch in Augenschein. Der Berater setzte seine ungewöhnliche Intervention fort, zu der es gehörte, eine gewisse Logik und persönliche Würde im Umgang mit dem Personal aufrechtzuerhalten. In dem Versuch, die etwas distanzierten Experten hinter dem Spiegel durch einen Appell an ihre Gefühle für sich zu gewinnen, machte er folgende Bemerkungen: „Haben Sie bemerkt, daß das Mädchen etwas zu sich kam, als sie darüber sprachen, wie die Mutter den Bruder umsorgt? Auch als ich während der Sitzung sagte: „Der Vater denkt immerzu an sie und läßt die Mutter in Ruhe“ schüttelte das Mädchen andauernd den Kopf. Und als ich dann auf Wiedersehen sagte und ihr die Hand geben wollte, reagierte sie etwas, indem sie die Augen aufmachte und mich zum ersten Mal anschaute.“ Das Personal schien von dem ihrer Ansicht nach primitiven Versuch des Therapeuten, mit einem schwerkranken Mädchen mittels magischen und fast unverständlichen Worten zu kommunizieren, völlig unbeeindruckt.

Drei Wochen lang hörte der Berater nichts über die Patientin, und es widerstrebte ihm, nachzufragen, da er nicht wußte, was das Personal von dem Interview hielt. Dann rief der Psychiater an und beschrieb, was geschehen war: „Es ist etwas sehr Interessantes geschehen. Drei bis vier Tage lang geschah nichts. Dann stellten die Krankenschwestern kleine Veränderungen fest. Irgendjemand auf der Station stand mitten in der Nacht auf, ging zur Toilette und legte sich dann wieder ins Bett. Sie vermuteten, daß es Sonya sei, sagten aber nichts. Nach vier Tagen zog sie sich eines morgens alleine an. Die Krankenschwestern befolgten die Verschreibung des Beraters, daß sie Sonya völlig ignorieren sollten, wenn eine Besserung einträte. Sie sagten nicht: „Oh, wie schön. Du bist ja aufgestanden.“ Sie ignorierten sie total, verhielten sich dem normalen Prozedere gegenüber respektlos.

Der Patientin ging es besser, allerdings hatte der verantwortliche Psychiater nun ein anderes Problem. Wie sollte man es schaffen, das Mädchen zu entlassen? Die Verschreibung hinderte das Krankenhaus daran, wie sonst zu verfahren. Es wurde beschlossen, noch einmal ein Interview mit der Familie und dem Personal abzuhalten. Während des Interviews fragte der Berater Sonya, die sich aufmerksam zeigte, ordentlich angezogen war und lächelte: „Da du dich entschlossen hast, daß es dir besser geht, was können wir mit diesen Leuten hier machen? Sie wissen nicht, was sie tun sollen, weil ich gesagt habe, sie sollen dich ignorieren und dich deine eigenen Entscheidungen treffen lassen. Was soll ich ihnen jetzt sagen?" Sie erwiderte: „Ich glaube, ich bin in zwei Wochen so weit. Ich will die Sommerferien mit meiner Familie verbringen." Der Berater sagte: „Toll, für mich ist das in Ordnung, aber ich glaube, wir sollten die Sommerferien zusammen planen. Ich bin mir nämlich nicht sicher, ob deine Eltern sich dem intimen Umgang mit dir gewachsen fühlen, der während eines Familienurlaubs unvermeidbar ist." Nach einer zwanzigminütigen Verhandlung hatten der Berater und die Familie einen Plan ausgearbeitet. Montags würde Sonya den Tag mit ihrer Schwester verbringen, dienstags mit beiden Eltern. Den Mittwoch sollte sie allein verbringen. Sonya könnte ihren Bruder und seine Verlobte sonntags besuchen. Donnerstags bis samstags sollte die Familie spontan handeln. Die jüngere Schwester sollte dafür verantwortlich sein, Notizen zu machen und aufzupassen, daß sich jeder an die Vereinbarungen hielt.

Ein paar Monaten später kam die Familie zu einer Nachuntersuchung. Sonya ging es sehr viel besser, und ihr Bruder hatte geheiratet. Der Vater und die Mutter bestanden darauf, die Sitzungen weiter durchzuführen, und wir erklärten uns mit sechs Sitzungen, die in einem zweimonatigen Abstand abzuhalten waren, einverstanden. Nach der dritten Sitzung hatte Sonya einen Rückfall und ließ sich in dasselbe Krankenhaus einweisen. Sie erholte sich jedoch und konnte nach zwei Wochen wieder entlassen werden. Sie war in der Lage, wieder gesund zu werden und setzte ihre erfolgreiche Differenzierung fort.

Was die Respektlosigkeit betrifft, müssen wir erkennen, daß Berater zu bestimmten Zeiten in einer Institution die Blankovollmacht bekommen, etwas Einzigartiges zu tun. In diesem Moment brauchte das Krankenhaus die Hilfe des Beraters. Also konnten sie ihrem eigenen Sachverstand und ihren eigenen Traditionen gegenüber respektlos sein, indem sie um eine systemische Konsultation baten. Ihnen war klar, daß ihre Modelle der Patientin nichts nützten, und sie waren auf den Berater angewiesen, da sie nicht wußten, was sie mit ihr anfangen sollten. Sie waren verzweifelt, also wandten sie sich an einen erfahrenen Therapeuten, von dem sie annahmen, er hätte andere Ideen, wie man an die Situation herangehen könnte.

Die Konsultation wurde dadurch ermöglicht, daß der Direktor des Krankenhauses gegenüber seiner eigenen Unfähigkeit zu helfen respektlos sein konnte. Die Fähigkeit des Beraters, gegenüber einem scheinbar unmöglichen Fall respektlos zu sein, ermöglichte es ihm, das Interview zu „überleben".

Um in einen solchen starken traditionellen Kontext einzugreifen und den Versuch zu unternehmen, einen „unmöglichen" Fall zu verändern, mußte der Berater gegenüber der oberflächlichen Bescheidenheit, auf die viele Therapeuten stolz sind, respektlos sein. Er mußte respektlos sein gegenüber der Weigerung des Krankenhauspersonals, die Fähigkeit der Klientin anzuerkennen, ihre eigenen Entscheidungen zu treffen und selbst zu entscheiden, wann sie das Krankenhaus verlassen könne. Als Antwort auf diese Position des Personals verhielt sich Sonya gegenüber den traditionellen Bemühungen, ihr zu helfen, sowie dem Entlassungsverfahren des Krankenhauses gegenüber sehr respektlos.

Um den Kontext einer Situation gründlich zu analysieren, muß man den größeren Kontext untersuchen, in dem das zu untersuchende Problem eingebettet ist. In dem oben beschriebenen Fall war zum Beispiel der Plan des Krankenhauses, den Berater für einen künftigen Ausbildungskurs zu engagieren, ein starker Kontextmarker. Für den Berater machte dies das Interview wesentlich komplizierter. Der Berater stellte sich unter anderem folgende Fragen:

1. Werde ich geprüft, bevor sie mich engagieren?
2. Haben sie mir den schwierigsten Fall im Krankenhaus übergeben, damit ich scheitere und sie mich nicht engagieren müssen?
3. Bin ich, ohne es zu wissen, ein Werkzeug, das von einer Gruppe innerhalb des Krankenhauses, die der Mailänder Schule der systemischen Therapie gegenüber loyal ist, benutzt wird, um einen Angriff auf die eher traditionelle psychiatrische Praxis zu starten?

Wenn man die erste Frage ernst nimmt, hat man Angst davor, die Prüfung nicht zu bestehen. Wenn man in die zweite Falle tappt, wird man sich wegen der Ablehnung deprimiert fühlen. Wenn man die dritte Frage ernst nimmt, fühlt man sich am Ende paranoid. Während sich der Berater mit diesen Fragen beschäftigte, kam ihm die Respektlosigkeit zu Hilfe.

Jede Institution ist ein anderer Kontext mit anderen Überlebensregeln. Handelt es sich um eine Institution, die es sich leisten kann, daß ihre Klienten gesund werden? In privaten Krankenhäusern, in denen das Überleben der Institution von dem, was unterm Strich herauskommt, diktiert wird, muß die Frage berücksichtigt werden, was im besten Interesse der Institution ist. In bestimmten Institutionen scheint es fast so etwas wie ein Verbot dagegen zu geben, sich der eigenen Handlungen bewußt zu sein. Es scheint, als gäbe es für jedes Problem *die richtige Methode*.

Selbst in den öffentlichen Institutionen ist es notwendig, daß die Betten belegt sind beziehungsweise daß die Patienten zur weiteren Behandlung zur Verfügung stehen. Wenn ein Patient zu schnell gesund wird, ist bei den privaten Institutionen die ökonomische Rentabilität gefährdet. In den öffentlichen Institutionen werden die Patienten benötigt, um die Unterstützung aus Regierung und Politik aufrechtzuerhalten. Es ist äußerst wichtig, daß Therapeuten diese Tatsachen anerkennen und sie im Auge behalten, wenn sie in einem solchen Kontext arbeiten, anstatt in die Falle zu tappen, sich darüber zu beklagen. Das ist auch eine „respektlose" Überlebenstaktik.

Um in den Institutionen zu überleben und nicht verrückt zu werden, bedarf es ein wenig Respektlosigkeit. Wir sind fest davon überzeugt, daß sie eine Überlebenstaktik sowohl in institutionellen als auch in ambulanten Settings ist. Je länger Sie in einer Institution überleben, um so mehr werden Sie für den Patienten zu einem Vorbild, wie man in einer Institution überleben kann, ohne zu einem Roboter zu werden. Wir meinen, daß wir nur uns selbst, nicht aber die Institution ändern können. Aber wir können innerhalb der Institution Respektlosigkeit bis zu den Grenzen, die den traditionellen diagnostischen Etikettierungen inhärent sind, praktizieren, indem wir dem Patienten helfen, „Expertenbeschreibungen“ als nur eine von vielen alternativen Ansichten zu erleben (d.h. das Beschriebene neu zu beschreiben). Das hat nichts mit Revolution zu tun. Es ist nur eine Methode, um die solchen Kontexten inhärenten widersprüchlichen Mitteilungen zu überleben.

Der aufgeschossene Junge

Während seines Aufenthalts in einem psychiatrischen Krankenhaus behandelten wir einen sechzehnjährigen Jungen und seine Familie. Seit seinem zwölften Lebensjahr war der Junge immer wieder ins Krankenhaus eingewiesen worden. Man hatte ihn nach der Geburt adoptiert. Die Mutter hatte ihr ganzes Leben diesem Jungen gewidmet. Der Vater hatte schon immer eine kühle und kritische Beziehung zu seinem Sohn gehabt. Als der Junge in die Pubertät kam, hatte er angefangen, seine Mutter ständig herauszufordern und mit ihr zu streiten.

Zwischen elf und zwölf verdoppelte sich seine Größe fast, was seine Mutter erschreckte. Sie machte sich so viele Sorgen über das, was sie als abnormale physische und verhaltensmäßige Veränderungen ansah, daß sie damit anfing, ihn Psychiatern vorzustellen. Die meisten von ihnen beschränkten sich darauf, ihr Strategien zur Verhaltensänderung beizubringen und den Sohn biochemisch zu behandeln. Je mehr die Mutter versuchte, dem Jungen Grenzen zu setzen, um so mehr eskalierte sein Verhalten.

Während der langen Behandlung des Jungen entdeckte sie ihn einmal im Zimmer seines jüngeren Bruders. Er lag voll bekleidet auf ihm und tat so, als habe er Geschlechtsverkehr mit ihm. Eine Woche später, während ihr Mann geschäftlich verreist war, wachte sie auf und fand ihn neben sich im Bett. Er hatte seinen Schlafanzug an und seinen Arm um ihre Taille gelegt. Sie bekam es mit der Angst zu tun, da sie glaubte, er wolle sich ihr sexuell nähern. Sie stand auf, lockte ihn aus dem Haus und verschloß die Tür. Der Junge ging zur Garage, holte die Axt seines Vaters und versuchte, die Tür einzuschlagen. Durch den Lärm alarmiert, kam ein Nachbar herüber und beruhigte den Jungen.

Nach der Rückkehr des Vaters kam es zur ersten von vielen Krankenhauseinweisungen. Während der nächsten vier Jahre durchlief der Jugendliche drei Krankenhäuser. Im ersten wurde er von älteren jugendlichen Patienten physisch und sexuell mißbraucht. Im zweiten Krankenhaus wurde er von unverantwortlichen Mitgliedern des Personals entlassen, und tat sich dann mit einer weiblichen Prostituierten zusammen. Im dritten Krankenhaus war der Patient deprimiert, einsam und hoffnungslos.

Nach dreijähriger Arbeit mit diesem Patienten und einer sich als sehr unterstützend herausstellenden Familie faßten wir den Fall wie folgt zusammen: Dem Therapeuten kam es vor, als ob sich die Mutter ihrem Sohn gegenüber überengagiert verhalte. Sie versuchte ständig, ihn zu kontrollieren, ihm Grenzen zu setzen, und fühlte sich dann sehr frustriert. Der Vater schien die meiste Zeit abwesend zu sein. Beim Gespräch mit der Mutter stellte der Therapeut die Hypothese auf, daß sie es doch satt haben müsse, sich immer um ihren Sohn kümmern zu müssen. Es kam dem Therapeuten so vor, als ob die Mutter sich gerne von diesen Kontrollversuchen erholen würde, es allerdings nicht schaffte, es sei denn, „eine Autorität" sagte ihr, daß das in Ordnung sei. Der Therapeut nahm sich vor, ihre Hoffnung, daß er diese Autorität besitze, zu nutzen. Folglich entschied er sich dafür, ihrer Bitte zu entsprechen. Er übernahm die Verantwortung und bat sie, sich vorübergehend von der Kontrolle ihres Sohnes zu erholen.

Die Folge war ein Wandel im Familienmuster. Der Vater kümmerte sich mehr um seinen Jungen, was er vorher nicht konnte. Man könnte diese Instruktion als strukturelle Intervention ansehen, was allerdings nicht die Absicht des Therapeuten war. Es kam keine vorgefaßte Landkarte, wie die Familie aussehen sollte, ins Spiel. Die Urlaubsidee hatte die Mutter. Der Therapeut nutzte ihre Idee und gab ihr die Erlaubnis, sie auszuführen.

Drei Jahre nach Beginn der Therapie im dritten Krankenhaus konnte der Junge nach Hause zurückkehren. Er verträgt sich gut mit seiner Mutter und seinem Vater und hat vor, im Herbst mit dem Studium anzufangen, hat eine feste Freundin und scheint die ganze „Hilfe", die er von den Fachleuten in den ersten beiden Krankenhäusern bekommen hat, „überlebt" zu haben.

In diesem Fall ging der Therapeut auf die Bitte der Eltern ein, daß er sie als der Experte beraten solle. Hier war der Therapeut den Ideen von Goolishian und anderen narrativ-orientierten Therapeuten gegenüber respektlos, die besagen, daß der Therapeut nie eine autoritative oder direktive Position einnehmen sollte.

Inzest zwischen Mutter und Sohn

Dieser Fall befaßt sich mit einem 16jährigen Jungen in einer Institution. Der Junge erregte die Aufmerksamkeit des Jugendgerichtes, nachdem er häufig weggelaufen war und in seiner Gemeinde geringfügige Straftaten begangen hatte. Nach seiner Einweisung in eine Institution kam während einer Familientherapiesitzung folgende Geschichte heraus. Er erzählte, daß, bevor er anfing, wegzulaufen, seine Mutter ihn im Ehebett beim Geschlechtsverkehr mit einem 14jährigen Nachbarmädchen erwischt hatte. Nach dieser Entdeckung hatte er Hausarrest, und die Mutter fing an, ihn häufig zu schlagen, gewöhnlich mit einem ihrer Schuhe. Nach vielen Einzel- und Familiensitzungen kam dann schließlich die Geschichte zu Tage, daß der Junge mit seiner Mutter Geschlechtsverkehr hatte, während der Vater auf seiner Seite des Bettes im Vollrausch lag.

Viele Monate lang wurde eine traditionelle Therapie versucht mit dem Ziel, das Familiensystem zu verändern, Grenzen zu setzen und die Familie neu zu strukturieren. Der Inzest wurde häufig in der Einzeltherapie diskutiert, um dem Jungen dabei zu helfen, ein als äußerst traumatisch angesehenes Ereignis in seinem Leben durchzuarbeiten.

Nach einer Weile sah es so aus, als ob dieser Ansatz nicht funktioniere. Die Familie schien immer noch verstrickt zu sein und keine Grenzen zu haben. Je mehr sich der Therapeut mit dem Jungen über Inzest unterhielt, um so deprimierter wurde dieser. Nach sieben Monaten kam die Mutter zu einer Familientherapiesitzung und sagte, dieser Inzest sei nie geschehen. Einige Wochen vor der Sitzung hatte sie in einer Kirche der Pfingstbewegung eine religiöse Bekehrung erlebt. Sie war sich nun sicher, daß die Inzesterfahrung ein böser Traum gewesen war – eine Botschaft für sie, daß sie Jesus brauche. Der Vater, der mit dem Trinken aufgehört hatte, sagte, daß er jetzt eine geladene 38er Pistole neben dem Bett aufbewahre. Er fügte hinzu, wenn der Junge jemals wieder nach Hause komme und versuche, zu seiner Frau ins Bett zu steigen, würde er ihn umbringen. Zu diesem Zeitpunkt wurde es dem Jungen nicht erlaubt, auf Besuch nach Hause zu kommen.

Die Erzählung der Mutter, der Inzest sei nur ein Traum gewesen, verwirrte den Jungen noch mehr, denn für ihn war er harte Realität. Er befand sich immer noch in einer Sackgasse. Der Therapeut stellte daraufhin fest, daß sein Ansatz nicht funktionierte und versuchte, der traditionellen Methode gegenüber respektlos zu sein. Er traf sich mit einer von ihm geleiteten Ausbildungsgruppe zwecks Konsultation. Der Mangel an Fortschritten in der Behandlung frustrierte ihn, und er war um die Zukunft des Jungen besorgt. Bei der Konsultation mit dem Team kam es zu einer raffinierten Umdeutung.

In der nächsten Einzelsitzung führte der Therapeut die Umdeutung ein, indem er den Jungen bat, die sexuellen Erfahrungen mit dem 14jährigen Nachbarmädchen und mit seiner Mutter zu vergleichen. Der Junge sagte, er habe sich entspannter gefühlt und das junge Mädchen physisch ansprechender und auch romantischer als seine Mutter gefunden. Im Gespräch über die sexuellen Begegnungen mit seiner Mutter sagte er, er sei völlig verwirrt und „taub“ gewesen.

Der Therapeut sagte ihm sehr ernsthaft, daß der größte, hervorragendste Therapeut, den es je gegeben habe, Sigmund Freud, Erfinder der Psychoanalyse, gesagt hat, alle Männer phantasierten, mit ihrer Mutter zu schlafen. Die meisten Männer haben ein Leben lang auch unbewußt das Gefühl, niemals wirklich befriedigt worden zu sein, da sie glauben, ihre Mutter wäre die beste Sexualpartnerin gewesen. Der Therapeut fuhr fort: „Es ist fantastisch, daß du in so jungen Jahren entdeckt hast, daß das bloß ein Mythos ist. Du kannst jetzt ein aufregendes Sexualleben haben in der Gewißheit, daß deine Mutter nicht die beste Sexualpartnerin für dich gewesen ist. Die meisten Männer entdecken das nie, und die, die es doch entdecken, brauchen meistens viel länger dazu als du.“ Nach der Einführung dieser neuen Geschichte machte der Junge sofort einen erleichterten Eindruck. Die Behandlung machte Fortschritte bis zu dem Punkt, an dem der Junge entlassen werden und zu seiner Familie zurückkehren konnte. War das eine Art magischer Metamorphose?

Der Therapeut hatte sich der traditionellen Therapie gegenüber respektlos verhalten, die darauf bestand, daß Kinder, die Inzest erlebt hatten, einer jahrelangen Therapie bedurften, um das Trauma eines solchen überwältigenden Ereignisses aufzuarbeiten. Die traditionelle Therapie machte den Jungen immer deprimierter und bestärkte ihn, sich für einen Devianten, einen Kriminellen, einen perversen Menschen zu halten. Der Therapeut war bereit, das Risiko auf sich zu nehmen, die vorherrschende (und „politisch richtige“) Herangehensweise für die Behandlung von Inzest in Frage zu stellen, indem er diese Umdeutung einbrachte, anstatt bei einem Ansatz zu bleiben, der den Jungen verletzte. Diese Neubeschreibung der Situation half dem Jungen, sich aus der Institution hinauszuarbeiten und sein Leben zu leben.

Nach drei Jahren stattete der Junge dem Therapeuten einen freundschaftlichen Besuch ab. Über seine Familie befragt, sagte er, er sei zu Hause ausgezogen, hätte viele gute sexuelle Beziehungen zu anderen Frauen gehabt, sei zur Armee gegangen und habe sich verlobt.

In diesem Fall liegt die Respektlosigkeit nicht nur in der Umdeutung der Situation, sondern umfaßt auch die Fähigkeit, das traditionelle Modell in einer therapeutisch sehr schwierig angehbaren Situation beiseite legen zu können. Die Institution konnte diese Art Intervention akzeptieren, weil das Personal völlig frustriert über den Mangel an Fortschritten war und weil das Ziel der Institution darin bestand, dem Jungen dabei zu helfen, in die Gemeinde zurückzukehren und ein erfolgreiches Leben zu führen.

Wir benötigen häufige Konsultationen und den Dialog mit Kollegen, um den Klienten vor den Folgen unserer eigenen Rigidität zu schützen und um uns zu helfen, die Falle zu vermeiden, an einer für richtig gehaltenen Geschichte festzuhalten. Die Respektlosigkeit ist ein flexibler Geisteszustand und umfaßt auch die Respektlosigkeit gegenüber dem Respekt vor den eigenen Überzeugungen.

Es ist nicht einfach, respektlos zu sein. Manchmal muß der Therapeut sich in Geduld üben, abwarten bis die Zeit reif ist. Die Beteiligten müssen an einem Punkt angelangt sein, an dem sie dramatischere Interventionen tolerieren können – wie in Sonyas Fall und bei dem Jungen, der mit seiner Mutter Geschlechtsverkehr hatte. In vielen Fällen gibt es passende Momente, in denen Veränderungen in Institutionen vor sich gehen können, falls der Therapeut sie zu nutzen versteht. In beiden Fällen hätte sich der Therapeut dem Risiko ausgesetzt, von der Institution in Mißkredit gebracht zu werden, wenn er von Anfang an eine solche Intervention angewandt hätte.

Zusammenfassend läßt sich sagen, daß die Arbeit in einer Institution der mit einer Familie ähnelt. Man muß dem System gestatten, seine eigenen Prämissen ad absurdum zu führen.

Ungeachtet ihrer Größe sind Organisationen in dieser Hinsicht alle gleich. Familien oder größere Systeme sind allesamt Systeme. Es gibt die Tendenz zur Rigidität oder Stase und zur Selbstkorrektur. Gleichzeitig ist es wichtig, sich zu vergegenwärtigen, daß ein Therapeut in Schwierigkeiten gerät, wenn er seinen eigenen Prämissen so stark verpflichtet ist, daß er keine anderen Möglichkeiten, die Situation zu sehen, in Betracht ziehen kann. Er übersieht den günstigen Moment und die Gelegenheit zum Wandel.

Prigogine (1984) folgend können wir vermuten, daß alle Systeme Perioden der Instabilität durchmachen, in denen ein Wandel möglich ist. Leider wurden viele von uns so ausgebildet, daß sie nur Stabilität erkennen und beschreiben. Darum verpassen wir oft die vorhandenen Gelegenheiten, während chaotischer Zeiten Wandel zu initiieren. Wir sind der Meinung, daß die Respektlosigkeit eine Position ist, die es uns erlaubt, unseren Blick für diese Gelegenheiten zu schärfen.

4. Vorschläge für die Ausbildung

„Es ist so einfach, wirkliche Menschen im Namen der einen oder anderen verfluchten Ideologie umzubringen, wenn der Mörder sie in seinem eigenen Kopf als Symbole abstrahieren kann. Dann braucht er sich nicht schuldig fühlen, sie umgebracht zu haben, da sie keine menschliche Wesen mehr sind."

James Jones, in einem „Paris Review"-
Interview mit Nelson W. Aldrich, Jr.

Obwohl wir getrennt und in unterschiedlichen Kontexten unterrichten und Supervision erteilen, haben wir herausgefunden, daß die Ausbildungsprobleme, mit denen wir es zu tun haben, sehr ähnlich sind. Auch korrespondieren unsere persönlichen Philosophien über Supervision miteinander. Glücklicherweise sind keine zwei Ausbildungsprogramme genau identisch. Gianfranco Cecchin ist in Mailand Kodirektor eines vierjährigen Ausbildungsprogramms in systemischer Therapie mit zirka 100 Weiterbildungs-Teilnehmern. Gerry Lane leitet ein kleines privates zweijähriges Ausbildungsprogramm in systemischer Therapie in Atlanta, Georgia. Wendel Ray unterrichtet und gibt Supervision in systemischer Therapie an einem zweijährigen Ausbildungsprogramm mit zirka 30 Weiterbildungsteilnehmern in Monroe, Louisiana.

Man könnte sagen, daß unsere Ausbildungsmodelle einen recht traditionellen Ansatz widerspiegeln, der stark beeinflußt wurde von Gregory Bateson, Don D. Jackson, dem Kurztherapieprojekt am Mental Research Institute und später durch die Kybernetik zweiter Ordnung und narrative Epistemologen.

Von den Trainees wird als erstes verlangt, sich einen Überblick über die relevante theoretische und klinische Literatur zu verschaffen. Einen längeren Zeitraum verbringen sie nur mit Lesen über Kybernetik erster und zweiter Ordnung, systemische Therapien, narrative Ansätze etc. Nachdem sie eine beträchtliche Zeit mit intellektueller Arbeit verbracht und sich mit den Ideen vertraut gemacht haben, beginnen sie, Familiengespräche unter Supervision durchzuführen. An diesem Punkt betrachten wir die epistemologischen Prämissen der Trainees etwas genauer.

Dies ist der traditionelle Ansatz für die Ausbildung von Trainees in einem spezifischen Modell. Diese Ausbildungsstrategie basiert auf der Überzeugung, daß grundlegende Kenntnisse der derzeitigen kybernetischen Theorie und der klinischen Praxis eine Voraussetzung sind, um ein wirkungsvoller Therapeut zu sein. Wir sind auch weiterhin davon überzeugt, daß es von großem Nutzen ist, wenn man spezifische Modelle oder praktische Ansätze sehr gut kennt, bevor man sich an die komplexe und lebendige Erfahrung der klinischen Praxis wagt. An diesem Punkt können sie die Position der Respektlosigkeit für ihre Zwecke nutzen.

In jüngster Zeit haben wir angefangen, unsere Ansichten über den traditionellen Ausbildungsansatz zu ändern, da wir es häufig effektiver fanden, umgekehrt zu beginnen. Auf einer Reihe von Workshops, auf denen wir diese Ideen vortrugen, haben Studenten den Wunsch geäußert, von einer Position der Respektlosigkeit aus sofort mit der Therapiepraxis zu beginnen, bevor sie zu tief im Sumpf der verschiedenen theoretischen Dogmen versinken.

Die Ausbildung kann isomorph zur Therapiepraxis damit beginnen, die Trainees nach ihren Ideen über Klienten zu fragen. Wenn sie einmal begonnen haben, sich Gedanken über einen Fall zu machen und ihre Positionen (die wir gerne Vorurteile nennen) mit anderen Studenten zu diskutieren, ergibt sich ein Zusammenfließen verschiedener Ideen. Man wird neugierig auf andere Geschichten. Wir teilen die Position von Keeney und Ross, daß die Aufgabe des Ausbilders die eines *gatekeepers* ist, der die Gruppenmitglieder dahin führt, möglichst viele unterschiedliche Ideen und Positionen über den Fall zu artikulieren. Er bestätigt jeden Standpunkt, vereinigt dann aber die verschiedenen Hypothesen und Ideen so in einer Synthese, daß das Besondere des Falles herausgearbeitet wird und gleichzeitig verschiedene Alternativen zur Auswahl stehen.

Ein wichtiger Teil dieses Prozesses besteht darin, sich nicht im Handlungsinhalt, den die verschiedenen Trainees anbieten, festzubeißen, sondern die Fähigkeit jedes Studenten zu betonen, Muster der Klientengeschichten zu beobachten. Wie ein Chefkoch muß der Ausbilder die Suppe weiterrühren und symmetrische Interaktionen unterbrechen, sobald sie auftauchen. Wir haben die Erfahrung gemacht, daß es zu symmetrischen Eskalationen besonders dann kommt, wenn die Betonung eher auf dem Inhalt als auf dem Prozeß liegt. Der Ausbilder mischt die verschiedenen Bestandteile des Gesprächs zusammen. Er leistet seinen Beitrag zu der entstehenden Geschichte, ohne die Richtung der Gespräche zu diktieren. Natürlich muß er gelegentlich seine Position zur Geltung bringen, seinen Vertrag mit den Trainees als Lehrer ausfüllen und derjenige sein, der schließlich die Synthese formuliert. Aber im Idealfall versuchen wir, einen egalitären Prozeß zu schaffen.

Eine erfolgreiche Ausbildungsgruppe beginnt gewöhnlich damit, daß der Ausbilder die traditionelle Rolle eines Lehrenden einnimmt, wobei er direktiv eingreift und bestimmte Aspekte der sich entwickelnden Geschichte hervorhebt. Wenn sich die Gruppe weiterentwickelt hat, ist der Ausbilder in der Lage, eine Rolle als *gatekeeper* einzunehmen, die die Zusammenarbeit betont.

Werden bei diesem Ausbildungsansatz die Ideen der Studenten gleich zu Beginn offengelegt, besteht der Vorteil darin, ihre persönlichen Vorurteile sofort verstehen zu können, und sie lernen ihre Vorurteile ebenfalls kennen.

Wie der Philosoph Gadamer (1967) sind wir der Überzeugung, daß ein Vorurteil nicht an sich eine negative Sache ist und es für Therapeuten nützlich sein kann, wenn sie wissen, was für Vorurteile sie haben. Gadamer ist davon überzeugt, „daß nicht so sehr unsere Urteile als unsere Vorurteile unser Sein ausmachen. Das ist eine provokatorische Formulierung, sofern ich damit einen positiven Begriff des Vorurteils, der durch die französische und englische Aufklärung aus dem Sprachgebrauch verdrängt worden ist, wieder in sein Recht einsetze. Es läßt sich nämlich zeigen, daß der Begriff des Vorurteils ursprünglich durchaus nicht den Sinn allein hat, den wir damit verbinden. Vorurteile sind nicht notwendig unberechtigt und irrig, so daß sie die Wahrheit verstellen. In Wahrheit liegt es in der Geschichtlichkeit unserer Existenz, daß die Vorurteile im wörtlichen Sinne des Wortes die vorgängige Gerichtetheit all unseres Erfahren-Könnens ausmachen. Sie sind Voreingenommenheiten unserer Weltoffenheit, die geradezu Bedingungen dafür sind, daß wir etwas erfahren, daß uns das, was uns begegnet, etwas sagt. Gewiß heißt das nicht, daß wir, durch eine Mauer von Vorurteilen eingefriedet, nur das durch die enge Pforte lassen, was seinen Paß vorweisen kann, auf dem steht: Hier wird nichts Neues gesagt. Gerade der Gast ist uns willkommen, der unserer Neugier Neues verheißt. Aber woher erkennen wir den Gast, der zu uns eingelassen wird, als einen, der uns etwas Neues zu sagen hat? Bestimmt sich nicht auch unsere Erwartung und unsere Bereitschaft, das Neue zu hören, notwendig von dem Alten her, das uns schon eingenommen hat?" (S. 106)

Bevor man Therapeuten in theoretische und klinische Modelle einführt, aus denen sie ihre Vorurteile ziehen, ist es durchaus angebracht, ihnen klarzumachen, daß sie sich ohnehin schon von ihren allgemeinen Vorurteilen leiten lassen. Wie Weakland sagte, herrscht bei Menschen immer die Tendenz vor, das zu sehen, was sie schon glauben. Grundsätzlich unterscheidet sich Familientherapie deshalb von anderen Wissenschaften, weil wir alle irgendwie Familienexperten sind. Wir alle wachsen in Familien auf. Familientherapie unterscheidet sich von anderen Wissenschaften, wie zum Beispiel dem Studium der Physiologie des menschlichen Körpers, dem Studium der Astronomie oder anderen Disziplinen, die es erfordern, sich einen großen, den meisten von uns unbekannten Wissensstoff anzueignen. Wir gehen in unserem Berufsstand von der Hypothese aus, daß persönliche Prämissen das Therapiemodell beeinflussen, das die Betreffenden wählen. Vorurteile sind wie hitzesuchende Geschosse, die in ein Modell einschlagen und unsere vorgefaßten Ansichten von der Welt bestätigen.

Es ist erstaunlich, daß es auf dem Therapiemarkt möglich ist, jedes Vorurteil zu einem theoretischen Modell zu entwikkeln, das verpackt und an zukünftige Anhänger verkauft werden kann. Wenn es Ihnen gefällt, über Familiengeschichte nachzudenken, und Sie Diagramme faszinieren, tendieren Sie zu Bowen. Sind sie fasziniert von verwickelten Handlungssträngen, Verschwörungen und Verrat, entdecken Sie Selvini. Sind sie den Eltern Ihrer Großeltern treu, stoßen Sie auf Boszormenyi-Nagy. Wenn Sie immer noch nostalgisch daran glauben, daß Vater das Sagen hat, steht Ihnen Minuchin oder Haley jederzeit zur Verfügung. Wenn Sie davon überzeugt sind, daß Verluste fundamental sind, ist Norman Paul Ihr Mann. Wenn Sie meinen, alles sei eine Sache der Familienentwicklung, stehen Sie auf Carter und McGoldrick. Wenn Sie meinen, daß repressive Patriarchien die Quelle allen Übels sind, dann sind Goldner oder Michael White bereit, Ihnen eine wohlartikulierte Theorie anzubieten. Sind Sie noch immer ein Kind der 60er Jahre und glauben, daß die Liebe alles besiegt, ist Virginia Satir etwas für Sie. All diese Menschen und auch alle anderen Erfinder von Therapiemodellen waren brillante Meister ihres Faches. Sie haben elegante und nützliche Ansätze konstruiert, die auf einem von der Kultur offerierten Vorurteil basierten.

All diese Modelle haben ihren Zweck erfüllt, da sie vielen Menschen geholfen haben, sowohl Ausbildungskandidaten als auch Klienten. Für unsere Arbeit als Kliniker und Ausbilder sind diese Positionen und Theorien alles, was wir haben. Der postmoderne Ansatz besteht darin, eine Position, die nützlich ist, beizubehalten, Vorurteile, die nicht mehr nützlich sind, zu verwerfen und in der Lage zu sein, bei der Bildung von Hybriden unterschiedliche Vorurteile nebeneinanderzustellen.

Wie traumatisiere ich eine Anfängerin

Die Ausbildung ist sowohl für Supervisoren als auch für Studenten ein sehr guter Kontext, um sich der eigenen Vorurteile bewußt zu werden und sie zu hinterfragen. Ich erinnere mich an ein Beispiel, bei dem die grundlegenden Prämissen der Supervisoren und Studenten schwerwiegende Folgen hatten. Eine Fortbildungs-Teilnehmerin eines Ehe- und Familientherapieprogramms begann an einem Zentrum für mißhandelte Frauen mit Klientinnen zu arbeiten. Einige ihrer ersten Klientinnen kamen wegen einem Inzestproblem. Sie war sehr beunruhigt, ließ sich leicht aus der Fassung bringen und wurde als Therapeutin sehr unsicher.

Der Supervisor reagierte auf eine inzwischen leider allzu bekannte Art und Weise. Als die Studentin immer ängstlicher wurde und nicht wußte, was sie in der Therapie mit dem emotional beladenen Problem des Inzest tun sollte, merkte sie, daß sie mit Empathie auf den Schmerz der Klientinnen reagierte. Sie gewann die Überzeugung, daß sie als Kind selbst ein Inzestopfer gewesen sein müsse, obgleich sie sich an nichts erinnern konnte, das in ihrem Leben auch nur im entferntesten einer inzestuösen Beziehung ähnelte.

Die Studentin sprach mit jedem, der ihr zuhörte. Einige ihrer Kommilitonen, einige weibliche Mitglieder der Fakultät, Professoren und ein Supervisor, der eines der vorherrschenden psychodynamischen Modelle über Inzest vertrat, verstärkten ihre eigene Interpretation, daß die einzige Erklärung für ihre emotionale Beunruhigung bei der Arbeit mit dieser Patientinnengruppe darin liege, daß sie in jungen Jahren belästigt worden war und die traumatische Erfahrung so schrecklich gewesen sei, daß sie sie aus ihrem Gedächtnis verdrängt habe. Mit nur wenigen ihre Theorie erhärtenden Fakten und auf Vorschlag ihres Supervisors begab sich die Studentin in Therapie, um das vermeintliche frühe Trauma in ihrem Leben aufzudecken, damit es bearbeitet werden könne.

Eine monatelange Therapie, die darauf fokussierte, ihr zu helfen, sich an den Inzest, der geschehen sein „mußte", zu erinnern, konnte ihrer Erinnerung nicht auf die Sprünge helfen. Da jedoch das Trauma einer frühen Belästigung die einzige von dem Supervisor, der Therapeutin und anderen, denen sich die Studentin anvertraut hatte, ernsthaft erwogene Erklärung war, hörte sie immer wieder, daß der einzige Weg, mit dieser Situation fertig zu werden, in einer intensiven Therapie bestehe, die darauf fokussiere, ihr zu helfen, sich an das Trauma zu erinnern, damit es durchgearbeitet werden könne. Sie müsse sehr jung traumatisiert worden sein. Dies war die einzige plausible Erklärung, die sie sich für ihre gefühlsmäßigen Reaktionen bei der Arbeit mit diesen Patientinnen selbst geben konnte.

Es gab jedoch eine alternative Erklärung, die niemand ernsthaft in Betracht zog. Die emotionale Reaktion der Studentin ist leicht zu verstehen, wenn man von der Prämisse der Systemtheorie ausgeht, daß jegliches Verhalten einen Sinn ergibt, wenn man es in seinem Kontext betrachtet. Die angehende Therapeutin war eine junge, empfindsame Frau, die mit der Arbeit in sehr extremen Situationen keine Erfahrung hatte. Da sie ein tiefes Mitleid mit den Klientinnen empfand, las sie jede nur erdenkliche Literatur über Inzest, um die Situation zu verstehen. All diese Handlungen verstärkten die weit verbreitete Theorie, daß man wohl ein persönliches Problem haben müsse, wenn man sich durch eine Sache aus der Fassung bringen lasse.

Sie wurde von einem Supervisor betreut, der von folgender Maxime überzeugt war: Hat ein Kliniker mit einem Problem Schwierigkeiten, ist dies ein Beweis dafür, daß er dort auch ein persönliches Problem hat. Bei jeder Gelegenheit wurde die Anfängerin in ihrer Vorstellung bestärkt, daß sie auf eine so traumatische Art und Weise belästigt worden sein müsse, daß sie sich nicht mehr daran erinnern könne. Nach dieser Theorie muß die Belästigung um so größer gewesen sein, je weniger sich jemand daran erinnern kann.

Die Studentin, die nicht wußte, wie sie ihren Klientinnen helfen sollte, hatte ständig Angst, daß sie mehr Schaden anrichten könnte als Gutes zu bewirken. Mit Hilfe einer Einzeltherapeutin, die darauf spezialisiert war, mit Menschen zu arbeiten, die Inzest „überlebt" hatten, versuchte sich diese Studentin monatelang ohne Erfolg an ein Trauma zu erinnern, das sich wahrscheinlich nie ereignet hatte. Nachdem für eine monatelange Therapie viel Geld ausgegeben worden war, weigerte sich schließlich der Vater, der die Therapie bezahlte, für eine weitere Behandlung aufzukommen. Angesichts des absoluten Mißerfolgs der Ausbildungskandidatin, sich an eine frühe traumatische Belästigung zu erinnern, begann die Therapeutin schließlich mit der Studentin die Möglichkeit zu erörtern, daß sie vielleicht nie belästigt worden war. Vielleicht war sie nur ein sehr empfindsamer Mensch, die auf den Schmerz, den sie in der Arbeit mit den Klientinnen miterleben mußte, sehr heftig reagierte.

Wir meinen, daß wohl die Entscheidung des Vaters, die Zahlungen einzustellen, der Therapeutin dabei half, ihre Hypothese zu ändern, daß es sich bei der Studentin um ein Inzestopfer handle. Ist es möglich, daß die Therapeutin die Zahlungsbereitschaft des Vaters als Schuldeingeständnis interpretierte? Wer weiß, dies ist nichts als eine Spekulation.

Welche Bemerkungen lassen sich über diesen Fall machen? Nach unserer Ansicht glaubten sowohl die Therapeutin als auch die Studentin so heftig an ihre Vorurteile, daß sie in eine Sackgasse gerieten. Beide hatten sich in die Aufdeckung der Wahrheit verrannt (Ist es geschehen oder nicht?), anstatt das ängstliche Verhalten der Studentin als eine natürliche Reaktion auf die Probleme ihrer Klientinnen anzusehen, als ein Kommunikationsmuster zwischen der Studentin und ihren Klientinnen. Wenn es gelingt, den Beziehungsstil zu erkennen, der sich zwischen einer Studentin und einer Klientin als einem entstehenden System verfestigt, kann ein therapeutisch sinnvoller Weg gefunden werden.

Im folgenden sehen wir uns eine Ausbildungssituation an, in der die Vorurteile der Ausbildungskandidatin vom Team benutzt wurden, um eine therapeutische Intervention zu entwickeln.

Die inkompetente Mutter

Eine Therapeutin in Ausbildung in Mailand kam aus einer Sitzung, die mit einer Mutter und zwei unfolgsamen Kindern durchgeführt wurde, um sich mit ihren Kolleginnen hinter dem Spiegel zu besprechen: „Ich halte diese Dame für eine völlig inkompetente Mutter. Sie ist sehr naiv, sie weiß nicht, wie sie mit ihren Kindern zurechtkommen soll." Das Team fragte: „Was willst Du tun?" – „Ich möchte ihr gerne helfen, indem ich ihr Instruktionen gebe. Sie braucht etwas. Sie scheint keine Ahnung zu haben." Auf diese Ankündigung antworteten die Therapeuten und Konsultanten in der Gruppe: „Es funktioniert nicht, den Leuten Instruktionen zu geben. Es hilft nichts, und es funktioniert nicht." Die Debatte hinter dem Spiegel ging weiter: „Ich gebe gerne Instruktionen" versus „Instruktionen sind nutzlos".

Die Lösung bestand darin: „Gut, verwende diesen Unterschied und rede mit der Patientin darüber." Die Therapeutin ging hinein und sagte: „Sie haben mich erfolgreich überzeugt, daß Sie inkompetent sind. Ich glaube Ihnen und meine, ich sollte Ihnen ein paar Instruktionen geben. Meine Kollegen hinter dem Spiegel sagen, Instruktionen zu geben sei nutzlos. Es verstößt gegen ihre Theorie. Sie haben eine systemische Theorie, die es ihnen nicht erlaubt, so zu denken. Deshalb habe ich mit meinen Kollegen ein Übereinkommen getroffen. Sie gaben mir die Erlaubnis zu glauben, daß Sie inkompetent sind.

Allerdings nur für die nächsten drei Monate, und für diese Überzeugung soll ich auch die Konsequenzen tragen. In drei Monaten werden wir wieder darüber diskutieren." Die Therapeutin gab ihr dann einige einfache Instruktionen.

Drei Monate später hatte die Patientin die Instruktionen befolgt, und ihr Verhalten hatte sich gebessert. Die Therapeutin sagte: „Meine Kollegen wollen gerne wissen, weshalb Sie meine Instruktionen befolgt haben. In der systemischen Theorie gehorchen Menschen nicht. Warum haben Sie gehorcht?" Und sie sagte: „Ich habe Ihre Anweisungen befolgt, weil ich Sie besser leiden kann als die Leute hinter dem Spiegel." Die Klientin veränderte also die Gesprächsebene.

In dem vorhergehenden Beispiel war die Therapeutin gegenüber der Idee, daß man selbst in der Therapie keine Instruktionen geben könne, respektlos. Indem sie sagte: „Meine Kollegen glauben an die systemische Therapie ..." führte sie ein spielerisches Element ein. Zu sagen: „Ich ziehe die Meinung vor, daß Sie inkompetent sind", ist respektlos. Die Klientin hat mir dies mitgeteilt, und ich zog es vor, es zu glauben, was gegenüber der Wahrheit respektlos ist.

Es gibt in dieser Situation keine Wahrheit. Die Frage der Kompetenz oder Inkompetenz ist nebensächlich, sie ist Teil einer Beziehung. Sie haben mich überzeugt, und ich zog vor, es zu glauben. Dann bin ich gegenüber meinen Kollegen respektlos, die an die systemische Therapie glauben. Es ist auch respektlos gegenüber der Patientin, wenn man sagt: „Ich glaube, sie sind inkompetent, aber in Wirklichkeit ist das nur eine Mitteilung, die sie mir machen." Die Arbeit im Team kann eine wirksame Methode sein, um die Resonanz auf das, was der Therapeut erfährt, und das, was in der Familie abzulaufen scheint, zu nutzen.

Häufig jedoch steht den Therapeuten der Luxus eines unterstützenden Teams nicht zur Verfügung. Es gibt dann einige Alternativen. Erstens ist es wichtig, wenn sie alleine arbeiten, ein Gespür zu haben für ihr eigenes Unbehagen, wenn der Fall keine Fortschritte macht. In der Regel verrennt sich der Therapeut in den Inhalt und ist nicht mehr in der Lage, den Prozeß zu sehen. Eine weitere Alternative kann darin bestehen, daß der Therapeut nicht mehr fähig ist, gegenüber seinen eigenen Positionen respektlos zu sein, und folglich auch nicht mehr zur Neugier fähig ist, von unterschiedlichen Ansätzen aus über eine Situation nachzudenken. Drittens ist der Therapeut vielleicht seinem Arbeitskontext gegenüber, in dem er praktiziert, zu gehorsam geworden.

Mit der Zeit werden dem Therapeuten die idiosynkratischen Mittel und Wege auffallen, in denen sich sein Unbehagen niederschlägt. Manche Therapeuten bekommen Rückenschmerzen oder Kopfweh. Andere werden unruhig. Manche entwickeln Phantasien, daß die Klienten nicht wiederkommen könnten. Oder sie entwickeln Selbstzweifel, ob sie den richtigen Beruf gewählt haben. Gleichgültig welches Symptom auch auftaucht, für den Therapeuten kann es ein Zeichen sein, daß er Hilfe braucht. Wir sind davon überzeugt, daß jeder Therapeut mindestens einen Kollegen kennt, mit dem er den Fall diskutieren, ein Videoband zeigen, eine Bandaufnahme vorspielen oder ihn als Beobachter zu einer Therapiesitzung einladen kann. Unserer Erfahrung nach bedarf es keiner ausgefeilten Beschreibung oder eines übermäßigen Zeitaufwands, um die unproduktiven Muster, in denen man steckt, zu verstehen. Diese Muster sind gewöhnlich sehr ähnlich. Man will zum Beispiel zu viel Kontrolle, also gerät der Patient außer Kontrolle. Oder der Therapeut will ihm zu viel beibringen, also wird der Patient nur langsam lernen.

Die Dame, die nicht aufhören konnte, zur Therapie zu kommen

Nach zwei Jahren entließ man ein Paar aus der Therapie. Die Frau rief an und sagte, sie möchte ein Gespräch. Sie kam in die Praxis und hatte nichts zu sagen. Der Therapeut verhielt sich wie bei einer Nachuntersuchung, und die Frau ging. Nach sechs Monaten kam sie wieder, hatte immer noch keine Probleme, sondern wollte einfach reden. Sechs Monate danach kam sie wieder. Danach rief sie wieder an und bat um eine Sitzung. Dem Therapeuten bereitete der Fall Unbehagen, und deshalb bat er die Frau um Erlaubnis, die Sitzung in Anwesenheit einiger Kollegen abhalten zu dürfen. Sie hatte nichts dagegen. Der Therapeut lud einige Studenten im ersten Jahr als Beobachter ein, um zu sehen, ob sie etwas in der Therapie erkennen könnten, was das chronische Therapiemuster erklären könnte.

Nach zehn Sitzungsminuten unterbrachen die Studenten die Sitzung und sagten, daß ihnen die Situation recht klar sei. Aus dem Verhalten des Therapeuten, aus der Art, wie er das Paar behandelte, ihre Hände schüttelte, wie er dasaß, aus seinem Gesichtsausdruck et cetera ging hervor, daß er Mitleid mit ihnen hatte, insbesondere mit der Frau. Dieser auf Mitleid beruhende Ausdruck von Empathie könnte die Erklärung dafür sein, weshalb die Therapie nicht aufhören könne. Der Therapeut stimmte mit dieser Beschreibung völlig überein und war schockiert, daß er nicht in der Lage war, das Muster vorher zu erkennen.

Häufig ist es keine Frage von Repression oder ungelösten Problemen in der Familie oder was auch immer. Was man sehen kann, hängt von der jeweiligen Position im System ab. Kulturell gesehen ist es für einen Therapeuten recht einfach, sich für einen fürsorglichen Menschen zu halten, ohne daß ihm klar wird, daß das Kümmern zu Mitleid werden kann, was wiederum eine leicht abwertende Haltung gegenüber dem Klienten impliziert. In unserem Jargon sagen wir *negative Konnotation* dazu. Wir wissen, daß die Verwendung von negativer Konnotation ein hervorragendes Klebemittel ist, um Menschen aneinanderhaften zu lassen.

Tatsächlich haben wir in Situationen, in denen es therapeutisch angebracht erschien, Eltern, die verhindern wollen, daß ihre Kinder ausziehen, vorgeschlagen, ihre Kinder ein wenig zu beleidigen und verächtlich zu behandeln, um sicherzustellen, daß sie niemals ausziehen. Natürlich haben Eltern die

Kunst des Kinderschimpfens im Verlauf von Millionen von Jahren verfeinert. Die therapeutische Beleidigung ist eine besondere Kunst, denn wenn sie zu schroff ausfällt, kommen die Klienten nicht wieder, und Sie können Ihre Rechnungen nicht bezahlen.

Die traurige junge Therapeutin

Eine junge Frau machte ihre klinische Ausbildung an einer großen psychiatrischen Klinik. Sie studierte an einer Universität, die strikt dem psychodynamischen Modell der Psychotherapie anhing. Es wurde von ihr erwartet, die klinische psychodynamische Ausbildung zu beginnen. Einem der Autoren fiel eines Tages auf, daß die junge Frau allein in ihrem Büro saß und einen recht niedergeschlagenen Eindruck machte. Auf die Frage, was mit ihr los sei, antwortete sie, sie habe die letzten vier Monate unter Anleitung eines psychodynamisch ausgerichteten Supervisors eine Ausbildung gemacht. Am Morgen hatte sie eine der ersten Bewertungen durch ihren Supervisor erhalten. Die Bewertung sollte an ihre Universität weitergeleitet werden. In dem Bericht führte der Supervisor aus, daß es ihr bei ihrem bisherigen Stand der Ausbildung noch nicht gelungen sei, mit Klienten in der Anfangsphase einer langfristigen und auf Einsicht orientierten Therapie ein tragfähiges therapeutisches Bündnis einzugehen. Viele ihrer Fälle sah sie nur vier bis sechs Sitzungen. Sie und ihre Patienten meinten, daß sich die Probleme gebessert hätten. Der Supervisor sah dies als Hinweis für ihre Unfähigkeit, Menschen in einer langfristigen therapeutischen Beziehung zu halten, um eine Einsicht in ihre Psychopathologie und die sich wiederholenden problematischen Muster zu gewinnen und diese durchzuarbeiten.

Die Studentin schilderte, daß sie durch den Bericht sehr verletzt und verwirrt sei. Sie habe aufgrund des Feedbacks ihres Supervisors sogar schon erwogen, Ausbildung und Universitätsstudium abzubrechen. Der Autor, dem klar war, daß er womöglich Supervisorgrenzen überschritt, hatte dennoch das Gefühl, daß es für diese demoralisierte Studentin vielleicht nützlich wäre, eine Geschichte zu hören, die sie wieder aufrichten könnte.

Er sagte, es sehe ganz danach aus, als ob sie eine natürliche und intuitive Begabung habe, mit Klienten Kurztherapie durchzuführen. Um jedoch die entsprechenden Zeugnisse zu erhalten, müßte sie das Universitätsstudium und auch die Ausbildung in der Klinik unter Leitung ihres derzeitigen Supervisors abschließen. Er empfahl ihr zu versuchen, alles über das psychodynamische Modell zu lernen, schließlich werde es von vielen Kollegen und auch Patienten als sehr wertvoll angesehen. Es sei ein Modell, aus dem man Ideen ziehen könne, was sie hoffentlich im Verlauf ihrer Karriere tun werde.

Andererseits hoffe er, daß sie ihre natürliche und intuitive Begabung, mit Patienten Kurztherapie zu machen, beibehalten könne, ohne daß sie wegen der diesbezüglichen Ideen und Einsichten in zu große Schwierigkeiten gerate. Nach seiner Meinung als Supervisor sei dies eine seltene Begabung und die aus ihr möglicherweise resultierende klinische Praxis vielfach weitaus differenzierter als die traditionelle psychodynamische Methode. Dennoch wurde sie gleichzeitig dazu ermutigt, während der nächsten zwei Jahre auch etwas an ihren Supervisor und das psychodynamische Modell zu glauben, um ihre Ausbildung abzuschließen.

Für uns wird in dieser Geschichte etwas angewandt, was wir früher als *vorübergehende Gewißheit* beschrieben haben. Die Studentin muß, um das Ausbildungsprogramm abschließen zu können (man könnte auch sagen, um zu „überleben"), für den notwendigen Zeitraum vorübergehend daran glauben. Am Ende dieses Zeitraums sollte sie die Freiheit besitzen, ihre natürliche Begabung für Kurztherapie wieder aufzufrischen.

Die vorübergehende Anorexie einer Studentin

Eine junge Studentin sprach mit einem Elternpaar in mittleren Jahren, nachdem die beiden Töchter gebeten worden waren, das Zimmer zu verlassen. Eine der Töchter, 17 Jahre alt, war anorektisch gewesen und befand sich seit einiger Zeit auf dem Weg der Besserung. Die allgemeine Meinung der Supervisionsgruppe hinter dem Spiegel war, daß das Paar sich immer so sehr um die Töchter kümmerte, daß sie keine Zeit hatten, sich zusammen zu amüsieren.

Die Therapeutin stellte Routinefragen wie zum Beispiel: „Was werden Sie tun, wenn ihre Töchter unabhängig sind?" oder „Wie wird ihr Auszug sich auf Ihre Beziehung auswirken?" Die Eltern schienen sich der Meinung der Therapeutin anzuschließen, daß ihr Leben ohne Kinder wohl etwas leer sein werde. Als der Ehemann dann erzählte, daß er vorhabe, seine Frau nächste Woche in die Oper einzuladen und er davon ausgehe, daß ihm das gefalle, platzte die Therapeutin sofort heraus: „Das glaube ich nicht. Sie sind so daran gewöhnt, nichts als Eltern zu sein, daß man es sich nur schwer vorstellen kann, wie Sie ohne Kinder Spaß haben könnten." Die Kollegen hinter dem Spiegel fingen an, sich Sorgen zu machen. Kurz danach berichtete die Mutter, sie habe ihren Mann am Tag vorher zum ersten Mal zum Einkaufen mitgenommen, und es hätte fast Spaß gemacht. Wieder antwortete die Therapeutin: „Ich glaube nicht, daß es Ihnen Spaß gemacht hat. Sie hatten noch nie Spaß."

Die Therapeutin wurde sofort hinter den Spiegel gerufen und gebeten, ihre Gefühle für das Paar zu beschreiben. Sie sagte: „Ich glaube, sie machen sich über mich lustig. Sie haben nichts Gemeinsames, und sie versuchen nur, mir zu zeigen, wie sie ohne Kinder funktionieren können. Aber ich glaube ihnen nicht." Die Therapeutin lief fünf Minuten lang erregt sprechend auf und ab. Als die Beobachtergruppe an der Reihe war, ihren Kommentar abzugeben, sagte ein Kollege: „Mir ist klar, daß unsere Kollegin den Platz von Maria, der anorektischen

Tochter, eingenommen hat. Sie hat sich jahrelang immer dann in das Leben ihrer Eltern eingemischt, wenn sie ohne sie etwas machen wollten."

Die Therapeutin war beeindruckt von dieser Beobachtung und verließ kommentarlos das Zimmer. Wenig später erschien sie im Therapiezimmer und sagte dem Paar: „Meinen Kollegen hinter dem Spiegel ist aufgefallen, daß ich mich wie Ihre Tochter verhalte, wenn ich sage, daß ich nicht glauben kann, daß Sie sich ohne sie amüsieren könnten. Ich möchte die Sitzung jetzt gerne beenden, denn ich habe das Gefühl, daß ich das wieder tun werde, wenn wir weitermachen. Mein Wunsch, es zu tun, ist stärker als ich, und ich benötige etwas Zeit, um die Versuchung zu überwinden, es wieder zu tun." Lächelnd standen Mann und Frau auf, umarmten sie und gingen mit den Worten: „Die besten Wünsche an ihre Freunde hinter dem Spiegel."

Einen Monat später kamen sie wieder, alleine, und begannen ein lebhaftes Gespräch mit unserer Therapeutin, die sich dieses Mal im Gespräch mit ihnen merklich wohl fühlte. Das Gespräch kam auf viele interessante Themen. Wir fanden heraus, daß das Leben dieser zwei Menschen viel reicher war, als wir uns das im Team vorgestellt hatten. Die Frage lautete nun: „Wer hatte sich verändert, das Paar oder die Therapeutin?"

5. Einige Überlegungen für die Forschung

„Wer nicht vergessen kann, aus dem wird nicht viel werden.“
Kierkegaard, „Entweder/oder“

Man soll Forschung nicht als Versuch ansehen, die Wahrheit zu finden. Wir meinen, daß wir das Wesen der Psychopathologie oder menschlichen Leidens niemals entdecken werden, daß jedoch die Forschungsdaten immer nützlich sind für das Aufstellen von Hypothesen.

Postmodernes Denken scheint zu implizieren – und das ist eine der offensichtlichen Gefahren –, daß alle bestehenden Theorien nicht für „wahr“ gehalten werden und folglich nutzlos sind. Der Postmodernismus suggeriert, daß wir alles hinterfragen sollen. Dennoch hat für uns die traditionelle Forschungslogik einen großen Wert, insofern sie jeder anderen Perspektive, jeder anderen Überzeugung ähnelt. Es geht nicht darum, ob sie wahr ist, sondern ob wir sie in der Therapiepraxis verwenden können.

Wir könnten sagen, unsere Wirklichkeit ist eine sehr gut organisierte, sich selbstbestätigende Erfahrung, mit der wir uns jeden Tag auseinandersetzen müssen, gleichgültig ob sie unabhängig von uns existiert oder von uns geschaffen wird. Es ist jedoch die Wirklichkeit, die wir beschreiben, in der wir Muster, Regeln, Wiederholungen entdecken.

Wenn wir also forschen oder die bestehenden Forschungsergebnisse studieren, können wir diese „Ergebnisse“ als Hypothesen benutzen. Natürlich ist man vorsichtig und interpretiert diese „Ergebnisse“ oder „Wahrheiten“ nicht von einem so extremen Standpunkt aus, daß man versucht, die Familie in eine angebliche Forschungs „wahrheit“ hineinzupressen. Man hat die Freiheit, Forschungsergebnisse als nützliche Ideen zu berücksichtigen und kann sie gleichzeitig wieder verwerfen, wenn sie nicht zu der Familie oder dem Klienten passen.

Nehmen wir einmal an, Sie arbeiten in einem traditionellen Setting, beispielsweise in einem Frauenhaus, und die dort arbeitenden Fachkräfte haben Zugang zu allen verfügbaren statistischen Forschungsergebnissen zum Thema mißhandelte Frauen. Stammt jetzt eine Klientin aus einer Familie, in der der Vater eine inzestuöse Beziehung zu dieser Klientin hatte und dessen Vater eine inzestuöse Beziehung zu ihm, und trinken alle zufällig zu viel und sind von einem Experten als Alkoholiker etikettiert worden, dann „wissen“ Sie als Therapeut, diesem Forschungsansatz folgend, daß die Klientin nicht nur eine mißhandelte Frau, sondern wahrscheinlich auch eine Alkoholikerin ist, die vermutlich Kinder mißbraucht. Das ist ein Beispiel für ein „empirisches“ Paradigma, das zu einem vorherrschenden Modell für die Arbeit mit Inzest werden kann.

Im großen und ganzen betrachten praxisorientierte Therapeuten Forschungsergebnisse wie die oben beschriebenen nicht als Verallgemeinerungen oder Hypothesen. Statt dessen werden solche Forschungsergebnisse allzuoft als von oben überlieferte „Wahrheiten“ akzeptiert – als etwas, was nicht hinterfragt werden darf.

Nehmen Sie zum Beispiel einen Therapeuten, der niemals Forschungsberichte liest, mit denselben Klienten arbeitet und ihnen auch niemals die Diagnose stellt, sie neigten zu Alkoholismus oder Kindermißhandlung. Beleseneren Kollegen erscheint dieser Therapeut womöglich als inkompetent, gleichgültig wie kompetent er in der Arbeit mit diesen Klienten auch ist.

Wie sollen wir denn aus der Perspektive der Respektlosigkeit mit derartigem empirischen Material umgehen? Wenn man zu sehr daran glaubt, daß ein Forschungsergebnis wahr ist, läuft man Gefahr, eine sich selbst erfüllende Prophezeiung zu kreieren. Ein allzu leidenschaftlicher Glauben an Forschungskonstruktionen ist gefährlich, allerdings ist es auch leicht, dazu verführt zu werden, insbesondere wenn die Institution die Ergebnisse zu schätzen weiß. Es kann genauso gefährlich sein, Forschung zu vernachlässigen aus der Angst heraus, Ergebnissen blind zu vertrauen und so die Fähigkeit zu verlieren, Menschen zu sehen anstatt mögliche Forschungsergebnisse.

Die Gefahr liegt nicht in der Forschung, sondern darin, daß der Therapeut unfähig wird, etwas anderes zu sehen, wenn er zu leidenschaftlich an den Wahrheitsgehalt der Forschungsergebnisse glaubt. Wenn man die Familie eines Klienten untersucht, kommt vielleicht heraus, daß der Großvater und die Großmutter Alkoholiker waren. Der Therapeut glaubt dann, daß der Klient mit großer Wahrscheinlichkeit auch Alkoholiker wird. In der Therapie mit diesem Klienten sieht der Therapeut in ihm wohl automatisch den zukünftigen Alkoholiker. Der Kliniker verliert die Fähigkeit, den Klienten aus einer anderen Perspektive zu sehen. In diesem Fall neigt der Kliniker dazu, nur solche Dinge in dem Klienten zu sehen, die der Forschung entsprechen. Er verliert das Interesse an anderen Aspekten der Person. Sein Kopf ist mit Vorurteilen aus der Forschung dermaßen vollgestopft, daß er letztendlich eine Psychopathologie konstruieren könnte, die nichts mit dem Erleben des Klienten zu tun hat.

Nehmen wir ein anderes Beispiel. Margaret Hoopes und James Harper (1987) haben zum Beispiel einige hervorragende Bücher über Geschwisterpositionen geschrieben, in denen sie aufzeigen, daß die Forschung bestimmte Verhaltensmuster bei erstgeborenen, zweitgeborenen, drittgeborenen Kindern und so weiter aufweist. Ein Therapeut, der dieses Buch liest, ist von den Folgerungen womöglich fasziniert. Wir sehen eine Gefahr darin, daß so aus Menschen eindimensionale Karikaturen werden können. Das Skript, das die Rollen an die Kinder verteilt, sollte von der Familie kommen und nicht aus einem Forschungsbuch, gleichgültig wie oft ein bestimmtes Skript in verschiedenen Familien auch auftritt. Wir möchten die Forschung schätzen, aber sie nicht blind anbeten.

Es gibt zwei weit verbreitete Forschungsarten: die quantitative und die qualitative. Es gibt viele quantitative Forschungsarbeiten wie zum Beispiel jene, die auf das Phänomen Alkoholismus fokussieren – die untersuchen, wieviele Kinder, deren Eltern Alkoholiker waren, auch Alkoholiker werden, oder wieviele von ihren Eltern mißhandelte Kinder zu mißhandelnden Eltern werden. Wenn wir uns solche Angaben anschauen, müssen wir uns ins Gedächtnis rufen, daß immer ein gewisser Prozentsatz solcher Kinder nicht zu Alkoholikern oder Kindesmißhandlern wird. Unsere Neugier richtet sich auf die Ausnahmen, die auf jeden Fall existieren und genauso wichtig sind, wenn nicht sogar noch wichtiger.

Dann gibt es die deskriptive oder qualitative Forschung, zum Beispiel die Forschung, die bestimmte, in spezifischen Familienorganisationen wie zum Beispiel Einelternfamilien häufig anzutreffende Beziehungsmuster beschreibt. Diese Daten beleuchten vielleicht die Bildung einer eheähnlichen Beziehung zwischen einem Elternteil und einem Kind. Oder beispielsweise die Beziehung zwischen dem Verhalten von ungehorsamen Kindern und der elterlichen Verantwortlichkeit in Stieffamilien, die geteilt werden sollte. Es ist wichtig, sich über beide Arten von Forschung Gedanken zu machen, denn beide können bei der Bildung und Überprüfung von Hypothesen nützlich sein.

Wenn ein Therapeut, der in traditioneller Forschung ausgebildet ist, geschult wird, immer etwas respektlos zu sein, könnte das zu sehr interessanten Forschungsansätzen führen. Wenn dieser Therapeut einen Klienten sieht, wird er untersuchen, inwiefern der Klient von den Forschungsregeln abweicht, anstatt zu sehen, inwiefern er die aktuellen Forschungsergebnisse bestätigt. Sie können sich selbst trainieren, darauf zu achten, inwiefern die Klienten den Daten nicht entsprechen – auf die Ausnahmen zu achten. Bei einer bei Alkoholikern häufig anzutreffenden Konstellation könnten Sie dem Klienten sagen: „In der Forschung wird behauptet, Sie müßten Alkoholiker sein. Warum sind Sie es nicht?“ Oder: „Wie fühlen Sie sich angesichts der Voraussagen all dieser Experten, die besagen, Sie müßten ein hoffnungsloser Alkoholiker sein?“ Oder: „Wieviel Respekt müssen Sie Ihrer Meinung nach diesem Beweismaterial entgegenbringen?“ Oder: „Wie loyal sind Sie als Bürger gegenüber den vorherrschenden Wertvorstellungen?“

So können Therapeut und Klient untersuchen, was nicht zum Erkenntnisstand der Forschung paßt, anstatt ihr Verhalten durch Angaben diktieren zu lassen, die sich ihrem Wesen nach auf eine zusammengewürfelte Bevölkerung beziehen und vielleicht gar nichts mit den spezifischen Menschen zu tun haben, die in der Praxis des Therapeuten sitzen.

Respektlosigkeit bedeutet oft, gegen den Strom zu schwimmen. Das heißt, nicht nur im Widerspruch zur Forschung zu stehen, sondern sich als Therapeut die Freiheit zu nehmen, in der Familie nach Eigenschaften zu suchen, die in der Forschung nicht hervorgehoben werden (d.h. Anpassungsfähigkeit, Ressourcen usw.). Auf diese Weise machen uns die Ausnahmen von den vorherrschenden Daten neugierig und geben uns Anregungen für unsere Arbeit. John Weakland (1989), Steve De Shazer (1982) und Michael White (1989) lassen sich in ihrer Arbeit von dieser Idee leiten.

Wir respektlosen Therapeuten müssen gleichzeitig frei sein, die empirischen Daten ernst zu nehmen. Integre Menschen widmen ihr Leben dem Studium von Familiensystemen, und diese Informationen müssen immer als wertvolle Quelle von Hypothesen in diesem Bereich betrachtet werden und nicht bloß als eine Konstruktion der Forscher.

Die traditionelle Forschung macht nützliche Verallgemeinerungen über große Bevölkerungsgruppen, sagt jedoch sehr wenig über individuelle Familien aus. Sie stellt allerdings ein hervorragendes Mittel für die Analyse des kulturellen Kontextes dar, in dem die Familie lebt.

Was wir gerne sehen würden, wären Studien über die Ausnahmen. Mit anderen Worten, wir brauchen mehr Forschung über Familien, in denen beispielsweise die Eltern Alkoholiker sind, die Kinder jedoch nicht; oder Familien, in denen die Eltern völlig ungebildet sind, der Vater Alkoholiker ist und das Kind nach Harvard geht. Wir glauben, daß diese Art Forschung unseren Horizont über Familienorganisationen erweitern würde. Es liegt in der Natur der Sache, daß die traditionelle Forschung dazu tendiert, komplizierte Systeme wie Familien zu reduzieren, indem sie das hervorhebt, was gemeinsam und vorhersehbar ist.

Nehmen wir rein theoretisch an, daß zum Beispiel 80 Prozent der Kinder von Alkoholikern zu Alkoholikern werden. Häufig ist derjenige, der in die Praxis kommt, einer aus diesen 80 Prozent. Da er daran glaubt, fühlt sich der Therapeut in seiner Meinung bestätigt und überträgt dann diese Idee auf den Klienten, selbst auf einen nüchternen Klienten. Wir neigen dazu, die anderen 20 Prozent, die nicht in die Praxis kommen, zu vergessen, so als existierten sie nicht, weil es über sie keine Forschungsergebnisse gibt. Es ist nicht immer einfach, sich an die Ausnahmen von den Forschungsdaten zu erinnern. Wir dürfen nicht vergessen, was uns der Konstruktivismus lehrt, daß wir nämlich das hervorbringen, was wir glauben.

Ein Großteil der gegenwärtigen Forschung legt eine außerordentlich große Betonung auf statistische Studien, wie zum Beispiel: „Wieviele Menschen werden so? ... Inwiefern ähnelt sich die Herkunft der Menschen, die so werden?" Und so weiter. Wir möchten einen Forschungsansatz vorschlagen, der andere Fragen stellt: „Wie kommt es, daß so viele Kinder aus sogenannten ernsthaft dysfunktionalen Familien sich völlig normal entwickeln?" Oder: „Welche Beziehungmuster in sogenannten problematischen Familien können dafür verantwortlich gemacht werden, daß sie Kinder hervorbringen, die sich gut entwickeln?" Eine solche Forschung würde uns Einsichten vermitteln, mit welchen Aspekten des Systems wir arbeiten sollten und welche wir verstärken sollten. Auf diese Weise könnte man Phänomene erforschen, die in der systemischen Theorie als „Multifinalität" und „Äquifinalität" beschrieben werden. Wie können Menschen aus sehr ähnlichen Herkunftsfamilien so unterschiedlich werden oder aus sehr unterschiedlichen Herkunftsfamilien kommen und letztendlich sehr ähnliche Probleme haben?

Es macht uns Spaß, die Ausnahmen, die Nonkonformisten zu betrachten: zum Beispiel Menschen, die viel trinken oder die psychotische Episoden gehabt haben und in anderen Aspekten ihres Lebens ungemein produktiv sind. Wir sind der Meinung, daß es im Bereich der literarischen Biographien einige der kenntnisreichsten Forschungsarbeiten über Ausnahmen gibt, in denen sowohl die Ausnahmen als auch die Probleme untersucht und kontextualisiert werden. Der brillante Autor William Faulkner, zum Beispiel, der seine Nächte mit exzessivem Trinken verbrachte und den Gerüchten nach etliche Liebesaffären gehabt hat, ist immer noch einer der führenden Romanschriftsteller Amerikas. Oder der berühmte Staatsmann Winston Churchill, der sich scheinbar besonders anstrengte, um alle Tabus hinsichtlich Essen, Trinken und Rauchen zu verletzen, und trotzdem ein außerordentlich produktives und langes Leben führte.

Eine Kritik an dieser Art von Forschungsvorschlägen könnte darin bestehen, daß wir uns als Therapeuten mit der „Pathologie" beschäftigen sollten. Manche Kritiker sagen ja, daß es schließlich unsere Sache sei, Menschen zu helfen, „Pathologie" zu überwinden. Eine Antwort auf diese Kritik ist in dem Gedanken enthalten, daß Pathologie größtenteils in Beziehung zu dem entsteht, was in Mythen, Vorurteilen und Überzeugungen der größeren Gesellschaft für gesund oder nicht gesund, schön oder häßlich, moralisch oder unmoralisch gehalten wird; und im Bemühen des Einzelnen, innerhalb dieser oft widersprüchlichen Gebote zu überleben und sie zu verstehen. Der Therapeut ist offensichtlich in einer einzigartigen Lage, „Pathologie" konstruieren oder auflösen zu helfen. Die Überzeugungen und Vorurteile sowohl des Therapeuten als auch des Klienten sind Teil der Konstruktion.

Ein Beispiel

Einer der Autoren entwarf ein Forschungsprojekt in Mailand, um herauszufinden, ob in einer Familiensitzung die Verwendung von zirkulären Fragen alleine, unter Ausschluß anderer Interventionen, sich auf künftiges Verhalten auswirken würde.

Einige Studenten der Mailänder Schule der systemischen Familientherapie nahmen Kontakt auf mit drei verschiedenen öffentlichen Krankenhäusern mit jeweils einer psychiatrischen Einheit von 20 Betten und ambulanter Versorgung und baten die Direktoren darum, ein Forschungsprojekt durchführen zu dürfen. Die Direktoren waren einverstanden und boten sogar an, das Projekt zu finanzieren. Zwanzig Patienten zwischen 18 und 25 Jahren, bei denen vor mindestens zwei Jahren die Diagnose Schizophrenie gestellt wurde und die alle Leistungen der Krankenhäuser (pharmakologisch, stationär und ambulant) häufig in Anspruch nahmen, wurden willkürlich ausgesucht, um an dem Forschungsprojekt teilzunehmen. Alle wurden seit einigen Jahren sowohl pharmakologisch als auch psychotherapeutisch behandelt, unter anderem hatten sie Einzel-, Gruppen- und in manchen Fällen Familientherapie.

Es wurde großer Wert darauf gelegt, wie das Forschungsprojekt dem Personal und den Klienten präsentiert werden sollte. Den zuständigen Arzt fragten wir: „Können Sie es Ihrem Patienten erlauben, an einem Forschungsprojekt teilzunehmen?“ Wir stellten den Familien dieselbe Frage und sagten ihnen: „Durch einfache Fragen versucht das Forschungsprojekt herauszufinden, warum gerade dieses Familiemitglied zum Patienten wurde.“ Dem Arzt und der Familie gegenüber betonten wir, daß wir ein Forschungsprojekt durchführten und *keine* Therapie machen würden. Es wurde hervorgehoben, daß wir niemandem helfen wollten. Wir wollten nur forschen und benötigten dazu ihre Kooperation, indem sie einige Fragen beantworteten.

Eine Gruppe von Expressed-Emotion-Forschern (EEF) – die sich einer Methode bedienen, um das Ausmaß von Affekten in Familien und Individuen zu messen – wurde gebeten, die

Familien vor, in der Mitte und am Ende des Forschungsprojektes zu untersuchen. Die Studie sollte sechs Monate dauern, einmal im Monat sollte eine Begegnung mit der jeweiligen Familie stattfinden. Die EE-Forscher würden zusätzlich eine Kontrollgruppe von 20 nicht am Projekt beteiligten Familien mit einer ähnlichen Diagnose interviewen. Die beiden Gruppen, die Forschungsgruppe und die EE-Leute, hatten während des gesamten Forschungsprojektes keinen Kontakt miteinander und kommunizierten auch nicht.

Wir nahmen an, daß die Familien sich nur widerwillig beteiligen würden, da keine Therapie angeboten wurde und sie offensichtlich nichts dafür erhielten. Am Anfang des Projektes waren wir überrascht, daß nur eine Familie die Teilnahme verweigerte, während die anderen erfreut zusagten. Vielleicht waren sie so mit therapeutischen Angeboten übersättigt, daß sie die Forschung als Erleichterung empfanden; oder sie befürchteten Sanktionen, falls sie mit der Institution, auf die sie stark angewiesen waren, nicht kooperierten. Wir wissen es nicht. Auch die Forschungstherapeuten hatten Spaß an ihrer Arbeit, vielleicht weil sie nicht dafür verantwortlich waren, eine Therapie durchzuführen. Sie mußten keine Hypothesen aufstellen und auch keine Interventionen konstruieren. Nach einer 45minütigen zirkulären Befragung wurden die Sitzungen mit einer einfachen Aussage beendet: „In einem Monat sehen wir uns wieder."

Die während der Interviews gestellten Fragen waren die klassischen zirkulären Fragen der Mailänder Methode:

1. Wer steht wem am nächsten?
2. Wie hat sich die Beziehung zwischen Mutter und Vater geändert, seit der Patient sich entschlossen hat, schizophren zu werden?
3. Was für Veränderungen erwarten Sie, falls Sie sich für eine Genesung entscheiden?
4. Wer würde davon mehr aus dem Gleichgewicht gebracht?

5. Was würde geschehen, wenn Ihre Schwester Ihre Position einnehmen würde?

Und so weiter, und so fort.

Die Therapeuten waren in Zweiergruppen eingeteilt, einer im Therapiezimmer und der andere hinter dem Einwegspiegel. Die Aufgabe desjenigen hinter dem Spiegel bestand darin, den Wunsch des Therapeuten im Zimmer, der Familie Interpretationen anzubieten oder Anordnungen zu geben oder Rituale zu empfehlen, zu kontrollieren. Diese Aufgabe war sehr schwierig, denn die Versuchung des Therapeuten, *irgendetwas „Therapeutisches" zu tun*, war gelegentlich kaum zu zähmen.

Nach der Hälfte der anberaumten Zeit wurde während einer der regelmäßigen Sitzungen der Forschungsgruppe ein Punkt erreicht, an dem sich die Interviewer über extreme Frustration beklagten, weil es ihnen verboten war, helfend einzugreifen. Der Supervisor war davon überzeugt, daß sie dem Grundsatz des Forschungsprojektes, nicht zu intervenieren, treu bleiben müßten. Als das Projekt allerdings fertig war, zeigte es sich, daß diese Regel vermutlich etliche Male verletzt worden war. Hinterher kam zum Beispiel heraus, daß ein Interviewer einer Familie folgendes einfach sagen mußte:

„Wenn wir nicht gerade forschen würden, würde ich Ihnen folgende Vorschläge machen." (Dann kamen einige auf die spezifische Familie abgestimmten Vorschläge). „Aber tun Sie es bloß nicht, denn wir machen hier Forschung und nicht Therapie." (Eine klassische paradoxe Aussage.)

Zu den Ergebnissen des Forschungsprojektes gehörte erstens ein drastischer Rückgang von erneuten Einweisungen der schizophrenen Familienmitglieder während der Forschungsperiode; 62 Prozent weniger Rückfälle als in der Kontrollgruppe. Darüberhinaus zeigte sich in der untersuchten Gruppe eine deutliche Abnahme der EE- Scores. Fünf Prozent brachen die Behandlung ab, gegenüber 25 Prozent bei der Kontrollgruppe.

Aus dieser Erfahrung lernten wir, daß es einem Kliniker schwerfällt zu unterscheiden, wann er eine Therapie durchführt und wann er forscht. Der Kliniker beobachtet immer die Auswirkungen seiner Handlungen auf den Klienten und vergleicht sie mit seinen bereits gemachten Erfahrungen. In diesem Sinne könnte man also seine Handlungen oder Interventionen Forschung nennen.

Der Forscher kann es nicht vermeiden, an der Konstruktion einer neuen Realität mitzuarbeiten, sobald er mit einem menschlichen System in Berührung kommt. Darum ist er Kliniker. Wurde in diesem Projekt Therapie im Gewande von Forschung angeboten oder war es Forschung als Therapie verkleidet?

6. Wahllose Schlußbetrachtungen

„Weshalb ist es möglich, über die Krebsnebel im Stier, der 6000 Lichtjahre entfernt ist, in zehn Minuten mehr zu lernen, als was man gegenwärtig über sich selbst weiß, obwohl man ein Leben lang mit sich selbst zu tun hat?"

Walker Percy, „Loch im Kosmos"

Wenn wir über die Reise nachdenken, die wir gemeinsam unternommen haben, stellen wir zu unserer Überraschung fest, wie konservativ doch die Idee der Respektlosigkeit eigentlich ist. Beim Segeln in diesen manchmal entfernten und bewegten Wassern fällt uns auf, daß wir uns gelegentlich nach den sicheren Häfen sehnen, die manche unserer Vorgänger für uns darstellen.

Während also diese respektlose Exkursion zu Ende geht, denken wir über die vielen brillanten und kreativen Menschen nach, die unser Denken und unsere Praxis beeinflußt haben und denen wir unsere Hochachtung bezeigen wollen. Der unvergleichliche Gregory Bateson, mit seiner großen Weisheit und seinen brillanten Geschichten. Don Jackson, dessen Geist und Einfluß nicht nur unseren eigenen Ansatz durchdringt, sondern das gesamte Feld der Familientherapie, zu deren Begründern er gehört. Harry Stack Sullivan, der zu häufig übersehene Erfinder des interpersonellen Denkens, der für viele Menschen eine Quelle darstellte, aus der sie schöpften. Er war der erste, der erkannte, daß wir viel menschlicher sind als sonst etwas. R. D. Laing für seine totale Ehrlichkeit und seine Begabung, die komplizierten Knoten zu sehen, in die sich Menschen verwickeln können, ohne sich dessen bewußt zu sein. Frieda Fromm Reichmann, eine weitere fast vergessene, aber ungemein einflußreiche Persönlichkeit in der Vorgeschichte der Familientherapie. Milton Erickson für seine unerschütterliche Überzeugung, daß wir den Menschen helfen können, sich zu ändern. Jay Haley, der die Flamme der strategischen Therapie angesichts starker Winde aus der narrativen Richtung am brennen hält.

Harry Goolishian für seine Fähigkeit, das Feld der Familientherapie mit der schlichten, aber doch wunderschönen Erinnerung fast zum Stillstand zu bringen, daß wir nicht vergessen dürfen, den Menschen zuzuhören, bevor wir ihnen Lösungen aufdrängen. Mara Selvini Palazzoli für ihren unglaublichen Glauben an die Macht der Therapie und ihre feste Überzeugung, daß der Mensch ein strategisches Tier ist. John Weakland für seine scharfen perzeptiven und konzeptionellen Fertigkeiten und dafür, daß er die überaus spielerischen Implikationen der Maxime, daß „ein Ding zu einem anderen führt", zu schätzen weiß. Lynn Hoffman für ihre Begabung, aus vielen komplexen Ideen eine Synthese zu formen und sie in eine verständliche, wenn auch häufig kontroverse, Form zu bringen.

Wie das bei vielen erfreulichen Gesprächen der Fall ist, die zu Ende gehen, kommt einem immer noch ein weiterer, interessanter Aspekt in den Sinn - der der Schwingung. Es sind dies pendelähnliche Erfahrungen, die viele von uns im Verlauf ihrer Karriere erleben, die Schwankungsprozesse zwischen totalem Zynismus (z.B. hinsichtlich der traditionellen biologischen Orientierung der Psychiatrie) und naivem Enthusiasmus der Überzeugungen, die an die fast magische Wirksamkeit der therapeutischen Strategie glauben.

Unsere Position spiegelt unseren Wunsch, nicht so naiv sein zu wollen, als glaubten wir, alle Probleme unserer Klienten lösen zu können, aber auch nicht gleichzeitig in die zynische

Falle tappen zu wollen, daß wir nichts tun können, wenn wir schwierigen Problemen gegenüberstehen.

Wir sollten stattdessen die Freiheit des Handelns besitzen, um irgendwie in der Lage zu sein, die Verwüstungen und Verzweiflungen zu überleben, zu denen es unweigerlich kommt, wenn man mit den Tragödien des Lebens zu tun hat, um in der Lage zu sein, weiterzumachen und die Hoffnung nicht zu verlieren, fähig, auch in der Absurdität scheinbar unmöglicher Situationen, Humor zu entdecken, um unsere Begeisterungsfähigkeit und unseren Enthusiasmus zu speisen, auch wenn wir manchmal scheitern. Dieses Buch ist ein Versuch, einige unserer Überlebensstrategien zu beschreiben.

Kurzbiographien der Autoren

Gianfranco Cecchin, Dr. med., ist Mitbegründer der Mailänder Systemischen Therapie, eines der einflußreichsten Familientherapiemodelle, die heute angewandt werden. Als Kodirektor des Centro Milanese Di Terapia Della Famiglia, Mailand, Italien, ist er wegen seiner Pionierarbeit in der Familientherapie weltweit bekannt. Er ist Autor und Koautor zahlreicher Artikel und Bücher, unter anderem des Klassikers *Paradoxon und Gegenparadoxon* und *Familientherapie-Systemtherapie. Das Mailänder Modell.*

Gerry Lane, Magister der Sozialarbeit, betreibt eine Privatpraxis und ist Director of Family Therapy am Hillside Hospital, Atlanta, Georgia. Er ist Autor einer Reihe von Beiträgen in Zeitschriften und Büchern und hat überall in Europa und den Vereinigten Staaten Workshops gehalten. Er hat breite Anerkennung gefunden für seine Vorreiterrolle in der Anwendung der Kybernetik und des systemischen Ansatzes in Forschung und klinischer Praxis bei Gewalt unter Paaren. In den letzten Jahren hat er sich vor allem damit beschäftigt, den systemischen Ansatz auch auf psychiatrische und andere institutionelle Settings auszudehnen.

Wendel A. Ray ist Research Associate und Direktor des Don D. Jackson Archivs am Mental Research Institute, Palo Alto, Kalifornien. Er ist Mitbegründer des Family Therapy Institute of Louisiana und Assistenzprofessor für Marriage and Family

Therapy an der Northeast Louisiana University in Monroe, Louisiana. Er ist klinisches Mitglied und Supervisor der AAMFT (American Association of Marital and Family Therapy) und Autor von zahlreichen Beiträgen in Zeitschriften und Büchern. Er hat in den Vereinigten Staaten zahllose Workshops geleitet und ist der Präsident der Louisiana Association for Marriage and Family Therapy.

Literatur

Anderson, H. a. H. Goolishian, (1990a): Menschliche Systeme als sprachliche Systeme. Vorläufige und weiterentwickelte Ideen über Folgerungen für die klinische Theorie. *Familiendynamik* 15 (3): 212-243.

Anderson, H. a. H. Goolishian, (1990b): Beyond cybernetics: Comments on Atkinson and Heath's „Further thoughts on second order family therapy". *Family Process* 29: 157-163.

Bateson, G. (1983): Ökologie des Geistes. Frankfurt a. M. (Suhrkamp).

Cecchin, G. (1987): Zum gegenwärtigen Stand von Hypothetisieren, Zirkularität und Neutralität: Eine Einladung zur Neugier. *Familiendynamik* 13,1988: 190-203.

Cox, H. (1989): The feast of fools. New York (Harper).

De Shazer, S. (1982): Brief ecosystemic family therapy. New York (W.W. Norton).

Fromm-Reichmann, F. (1950): Principles of intensive psychotherapy. Chicago, Il (University of Chicago Press).

Gadamer, H. (1967): Kleine Schriften I, Philosophie, Hermeneutik. Tübingen (J.C.B. Mohr/Siebeck).

Gergen, K. (1991): The saturated self. New York (Basic Books).

Goldner, V. (1988): Generation and gender: Normative and covert hierarchies. *Family Process* 27 (March): 17-31.

Haley, J. (1991): Die Psychotherapie Milton H. Ericksons. München (Pfeiffer).

Hoffman, L. (1990): A constructivist position for family-therapy. *The Irish Journal of Psychotherapy* 9 (1): 110-129.

Hoopes, M. a. J. Harper (1987): Birth order and sibling patterns

in individual and family therapy. Rockville, MD (Aspen).
Jackson, D. (1963): The sick, the sad, the savage and the sane. Vortrag als die jährliche akademische Vorlesung der *Society of Medical Psychoanalysts and Department of Psychiatry*. New York (Medical College).
Keeney, B. (1987): Ästhetik des Wandels. Hamburg (ISKO-Press).
Keeney, B. (1982): Not pragmatic, not aesthetic. *Family Process:* 21, 429-434.
Laing, R. (1987): Weisheit, Wahnsinn, Torheit. Werdegang eines Psychiaters. Köln (Kiepenhauer u. Witsch).
Lane, G. a. T. Russell (1987): Neutrality vs. social control: Systemic approach to violent couples. *Family Therapy Networker* 2 (3): 52-56.
Lane, G. u. A. Schneider (1990): Ein Ritual von Achtung und Respekt. *Zeitschrift für Systemische Therapie* 8: 103-108. [englisch in: *Journal of Family Therapy* 12 (3): 287-294.]
Maturana, H. a. F. Varela (1980): Autopoiesis and cognition: The realization of the living. Dordrecht, NL (D. Reidl).
Paglia, C. (1989): Sexual persona. Cambridge, MA (Yale Press).
Palazzoli, M., L. Boscolo, G. Cecchin a. G. Prata (1981): Paradoxon und Gegenparadoxon. Stuttgart (Klett-Cotta).
Prirogine, L. a. I. Steinberg (1984): Order out of chaos. New York (Bantam).
Ray, W. (1991): Die interaktionale Therapie von Don D. Jackson. Eine Einführung. *Zeitschrift für Systemische Therapie* 9: 5-29.
Ray, W. (1992): Our future in the past: Lessons from Don D. Jackson for the practice of family therapy with hospitalized adolescents. *Family Therapy* (1), 61-71.
Sullivan, H.S. (1953): The collected works of Harry Stack Sullivan. New York (W.W. Norton).
von Foerster, H. (1981): Observing systems. Seaside, CA (Intersystems Publications).
Weakland, J. (Juni 1989): [Persönliches Gespräch mit Wendel A. Ray]. Mental Research Institute, Palo Alto, CA.

Webster's New Universal Unabridged Dictionary, 2nd. Edition (1983): Cleveland, Ohio (Dorset a. Berber).
Whitaker, C. (1976): The hinderance of theory in clinical work. In: P. Guerin (ed.): Family therapy: Theory and practice. New York, 154-164. (Gardner Press)
White, M. (1989): Selected papers. Adelaide (Dulwich Centre Publ.).

Matteo Selvini (Hrsg.)

Mara Selvinis Revolutionen

Die Entstehung des Mailänder Modells

301 Seiten, Kt

DM 42,80/öS 334,–/sFr 43,80

ISBN 3-927809-11-X

In diesem Buch sind die wichtigsten Artikel und Aufsätze der Mailänder Psychotherapeuten-Gruppe um Mara Selvini-Palazzoli (Gianfranco Cecchin/ Luigi Boscolo/Giuliana Prata) zusammengefaßt. Nur wenige davon sind bislang, in verschiedenen Fachzeitschriften verstreut, auf Deutsch publiziert. Hier sind sie in ihren historischen Zusammenhang gestellt und durch ausführliche Falldarstellungen und Diskussionen ergänzt.

Doch dieses Buch ist mehr als eine Ausgabe gesammelter Werke: Es ist eine Falldarstellung. Der Herausgeber, Matteo Selvini, Sohn Mara Selvini-Palazzolis und jetzt Mitarbeiter ihres neuen Teams, kommentiert die professionelle Entwicklung seiner Mutter und des Mailänder Modells in Theorie und Praxis.

Am Anfang stand, wie bei so vielen anderen Therapeuten, auch bei Mara Selvini die Psychoanalyse. Jahre der Einzeltherapie mit magersüchtigen jungen Mädchen brachten auch für sie die unvermeidliche Frustration, die gescheiterten oder nur mäßig erfolgreichen Therapien. Obwohl eine der international angesehensten Therapeutinnen, schloß sie von einem Tag auf den anderen ihre psychoanalytische Praxis und begann familientherapeutisch zu arbeiten.

Ihr Weg, immer wieder durch radikales Umdenken unterbrochen, ist beispielhaft für eine wissenschaftliche Grundhaltung, die auch den eigenen „Wahrheiten“ gegenüber kritisch bleibt und die Theorie an der Praxis mißt.

Der Leser gewinnt die Möglichkeit, den Weg Mara Selvinis nachzuvollziehen. In ihren Aufsätzen spiegelt sich ihr Denken, und in den Kommentaren des Sohnes wird überprüft, ob die Theorie der Praxis gerecht wird und wo die praktischen Erfahrungen zu revolutionären Wandlungen führten.

Für jeden Familientherapeuten gehört dieses Buch zur unverzichtbaren Basisliteratur.

Luigi Boscolo/Paolo Bertrando

Die Zeiten der Zeit

Eine neue Perspektive in systemischer Therapie und Konsultation
439 Seiten, Gb
DM 68,–/öS 531,–/sFr 69,–
ISBN 3-927809-21-7

Dieses Buch ist das Ergebnis einer seit 1989 andauernden Forschung über die faszinierende Welt von Zeit und Zeiten. Das wachsende Bewußtsein der Bedeutung von Zeit und ihre unterschiedlichen Formen in menschlichen Beziehungen-Therapie inbegriffen- hat die Autoren angeregt das Phänomen der Zeit in verschiedenen Gebieten, von der Philosophie bis zur Physik, von der Anthropologie bis zur Soziologie, in der Biologie und besonders in der Psychotherapie zu erforschen. Diese Forschung hat die Autoren dazu gebracht mit verschiedenen Zeiten umzugehen: Mit der phänomenologischen Zeit, die von und für uns erfunden wird, mit kultureller Zeit, der Summe aller vergangenen Bereiche in der Kultur und mit unterschiedlichen sozialen Zeiten.

Hauptsächlich wurde das Augenmerk auf die spezielle Art sozialer Zeit im therapeutischen System gerichtet, einem System bestehend aus einem Therapeuten oder Berater und dem Klienten, repräsentiert durch ein Individuum, eine Familie oder eine Institution. Wie Freud's Libido, Bateson's Muster, Haley's Macht oder Minuchin's Grenzen und Hierarchien nutzen die Autoren die Zeit als eine bevorzugte Linse, durch die sie menschliche und therapeutische Beziehungen „sehen". Natürlich ist Zeit nicht die einzig berücksichtigte Variable.

In diesem Buch wird aber vor allem der Gebrauch von zeitabhängigen Konzepten in Konsultationen und Therapien erläutert, lineare oder zirkuläre Zeit, der Pfeil und der Zeitkreis, reflexive Schlingen in der Vergangenheit, Gegenwart und Zukunft, Perspektiven und zeitliche Horizonte. Solche Konzepte werden im Rahmen von neueren Entwicklungen im Mailänder Modell genutzt. Die unterschiedlichen klinischen und nichtklinischen Fälle, durch die „Zeitlinse" gesehen, eröffnen eine neue Perspektive in der systemischen Therapie und Konsultation.

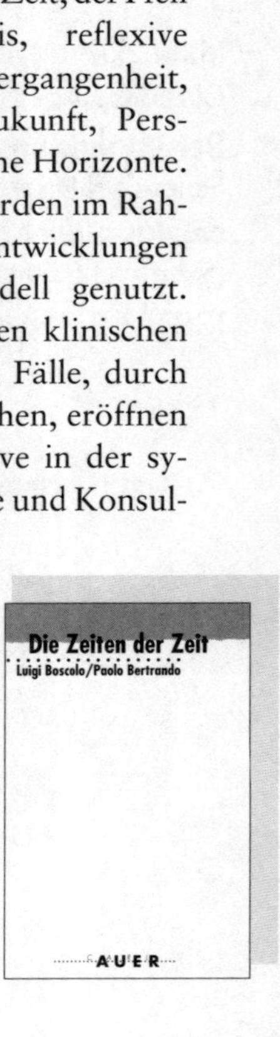